现代物流管理专业系列教材

仓储作业管理

主　编　李　杰
副主编　李　蓉　楚慧丽
　　　　杨双幸　冯　春

西北工业大学出版社
西　安

【内容简介】 本书是将仓储作业理论知识与实际操作进行有效融合的典型教材,以任务驱动和仓储作业的工作顺序,详细介绍了货物入库、在库、出库作业管理的流程,并通过案例对理论知识进行了巩固与加深。本书包括仓储概述、仓库的规划与设计、仓储作业设备、货物入库作业管理、货物在库作业管理、货物出库作业管理、仓储成本管理与仓储绩效管理,以及仓储运营管理等相关内容。本书体系完整、内容丰富,尤为注重实战教学。

本书既可以作为高职院校物流管理专业的基础教材,也可以作为职业培训教育及相关技术人员的参考用书。

图书在版编目(CIP)数据

仓储作业管理 / 李杰主编. — 西安:西北工业大学出版社,2021.12
现代物流管理专业系列教材
ISBN 978-7-5612-8081-2

Ⅰ.①仓… Ⅱ.①李… Ⅲ.①仓库管理-高等职业教育-教材 Ⅳ.①F253

中国版本图书馆 CIP 数据核字(2021)第 258634 号

CANGCHU ZUOYE GUANLI
仓 储 作 业 管 理
李杰 主编

责任编辑:李文乾	策划编辑:孙显章
责任校对:陈 瑶	装帧设计:李 飞

出版发行:西北工业大学出版社
通信地址:西安市友谊西路 127 号　　邮编:710072
电　　话:(029)88491757,88493844
网　　址:www.nwpup.com
印 刷 者:兴平市博闻印务有限公司
开　　本:787 mm×1 092 mm　　1/16
印　　张:11
字　　数:282 千字
版　　次:2021 年 12 月第 1 版　　2021 年 12 月第 1 次印刷
书　　号:978-7-5612-8081-2
定　　价:58.00 元

如有印装问题请与出版社联系调换

前 言

随着社会经济的发展,现代物流受到广泛关注,正面临着前所未有的发展机遇。它不仅是一种先进的组织方式,也是企业降低成本、提高效益的重要途径。而仓储作业管理是现代物流体系重要的组成部分,也是企业提高核心竞争力的重要手段之一。

说到仓储,人们都知道这是储存货物的活动。如果将物流理念和仓储作业管理结合起来,就构成了现代仓储作业管理的雏形。传统仓储作业管理研究的是如何存、如何存好、如何减少货物的损坏和丢失;而现代仓储作业管理是在传统基础上,研究货物如何存得刚好满足需求,如何方便货物的流入和流出,如何有效降低仓储成本、提高仓储效益。目前,我国仓储作业管理现状多为采纳现代仓储理念,却使用传统的仓储作业方法。在仓储设施设备的建设上虽然有了较大的发展,如自动化的立体仓库、自动化的分拣设备等,但是我国仓储业的总体发展水平仍然偏低,效率和效益也不均衡。因此,要实现现代仓储作业管理还需要经过一个较长的过程。

本书就是在我国经济发展的客观条件下,为培养高端技能型仓储作业管理人才而编写的。本书的开发采取了企业调研、岗位访谈、与企业管理者座谈等形式,并结合不同类型企业的特点,总结出典型工作任务,再通过项目的形式实施具体任务,真正体现"工学结合"。

本书按照理论以"必需、够用"为度、重点突出实践性的原则进行内容设计,并依据仓储企业实际操作流程和工作内容,将八个项目分为三大板块:第一板块为仓储企业的管理内容,包括项目一、项目二和项目三;第二板块为仓储作业流程,包括项目四、项目五和项目六;第三板块为仓储运营管理,包括项目七和项目八。

本书由李杰任主编,李蓉、楚慧丽、杨双幸、冯春任副主编。具体编写分工如下:杨双幸、冯春编写项目一,李蓉编写项目二和项目八,楚慧丽编写项目三,李杰编写项目四至七。

在编写过程中,参考了相关文献资料,在此向这些专家表示深深的感谢。

由于水平有限,书中难免存在不妥之处,敬请读者批评指正。

编 者
2021 年 11 月

目　录

项目一　仓储概述 1
任务一　仓储的基本知识 2
任务二　仓储管理 6
任务三　仓储企业的组织结构与岗位职责 8
项目小结 14

项目二　仓库的规划与设计 17
任务一　仓库选址 18
任务二　仓库整体布局与货区布局 23
任务三　仓库储位的划分与编码 29
项目小结 36

项目三　仓储作业设备 39
任务一　仓储设备概述 39
任务二　货架 42
任务三　集装设备 49
任务四　装卸搬运设备 60
任务五　自动分拣设备与计量设备 72
项目小结 77

项目四　货物入库作业管理 80
任务一　入库准备 80
任务二　货物接运 85
任务三　入库验收 88

任务四　入库登记 ………………………………………………………… 93
　　项目小结 …………………………………………………………………… 95

项目五　货物在库作业管理 ………………………………………………… 99
　　任务一　货物的储位安排 ………………………………………………… 100
　　任务二　货物堆码与货物的苫垫 ………………………………………… 102
　　任务三　货物的养护作业 ………………………………………………… 113
　　任务四　货物的盘点作业 ………………………………………………… 119
　　项目小结 …………………………………………………………………… 122

项目六　货物出库作业管理 ………………………………………………… 125
　　任务一　出库凭证的审核及问题处理 …………………………………… 126
　　任务二　货物出库作业流程 ……………………………………………… 126
　　任务三　退货作业管理 …………………………………………………… 131
　　项目小结 …………………………………………………………………… 133

项目七　仓储成本管理与绩效管理 ………………………………………… 135
　　任务一　仓储成本管理 …………………………………………………… 136
　　任务二　仓储绩效管理 …………………………………………………… 145
　　项目小结 …………………………………………………………………… 150

项目八　仓储运营管理 ……………………………………………………… 153
　　任务一　仓储合同管理 …………………………………………………… 153
　　任务二　仓储客户服务 …………………………………………………… 160
　　项目小结 …………………………………………………………………… 166

参考文献 ……………………………………………………………………… 170

项目一　仓储概述

知识目标：

1. 明确仓储的概念、功能和作用。
2. 明确仓储管理的概念和特点。
3. 理解仓储管理的内容和任务。
4. 了解仓储组织的结构与岗位职责。

技能目标：

1. 能分析判断仓储的类型和功能。
2. 熟悉仓储组织的结构和岗位职责。

▶ 案例导入

蓝山啤酒集团的仓储管理

蓝山啤酒集团在几年前就借鉴国内外物流公司的先进经验，并结合自身的优势制定了自己的仓储物流改革方案。首先，成立了仓储调度中心，对全国市场区域的仓储活动进行重新规划，对产品的仓储、转库实行统一管理和控制。由提供单一的仓储服务，到对产成品的市场区域分布、流通时间等进行全面的调整、平衡和控制。仓储调度成为销售过程中降低成本、增加效益的重要一环。其次，以原运输公司为基础，蓝山啤酒集团注册成立了具有独立法人资格的物流公司，引进现代物流理念和技术，并完全按照市场机制运作。作为提供运输服务的"卖方"，物流公司能够确保按规定的要求，以最短的时间、最少的投入和最经济的运送方式，将产品送至目的地。最后，蓝山啤酒集团运用建立在互联网基础上的企业资源计划系统，筹建了蓝山啤酒集团技术中心，将物流、信息流、资金流全面统一在计算机网络的智能化管理之下，建立起各分公司与总公司之间的快速信息通道，及时掌握各地最新的市场库存、货物和资金流动情况，为制定市场策略提供准确的依据，并且简化了业务运行程序，提高了销售系统的工作效率，增强了企业的应变能力。

通过一系列的改革，蓝山啤酒集团获得了较大的直接和间接经济效益。首先，集团的仓库面积由7万多平方米下降到不足3万平方米，产成品平均库存量由12 000 t下降到6 000 t。其次，产成品物流体系实现了环环相扣，销售部门根据各地销售网络的要货计划和市场预测制订销售计划，仓储部门根据销售计划和库存及时向生产厂传递要货信息，生产厂有针对性地组织生产,物流公司则及时调度运力,确保交货质量和交货期。最后,销售代理商在有了稳定的货源供应后,可以从人、财、物等方面进一步降低销售成本,增加效益。经过一年多的运转,蓝山啤酒集团物流网取得了阶段性成果。实践证明,现代物流管理体系的建立,使蓝山啤酒集团的整体营销水平和市场竞争能力大大提高。

请分析:

蓝山啤酒集团是如何开展仓储管理的?取得了哪些成效?

任务一 仓储的基本知识

一、仓储的概念

仓储是指利用仓库及相关设施设备进行物品的进库、存储、出库的作业。"仓"即仓库,是存放物品的建筑和场地,可以是房屋建筑、大型容器、洞穴或者特定的场地等等,具有存放和保护物品的功能;"储"表示收存以备使用,具有收存、保管、交付使用的意思。静态仓储与动态仓储已经由过去单纯的"储存、保管商品的场所"向"商品配送服务中心"发展。商品配送服务中心不只负责储存、保管商品,更担负着商品的分类、计量、入库分拣、出库及配送等多种功能,并实行电子化管理。

仓储随着物资储存的产生而产生,又随着生产力的发展而发展,是商品流通的重要环节之一,也是物流活动的重要支柱。在社会分工和专业化生产的条件下,为保证社会再生产过程的顺利进行,必须储存一定量的物资,以满足一定时期内社会生产和消费的需要。仓储的性质可归结为:仓储是物资产品生产过程的持续,物资的仓储也创造着产品的价值;仓储既有静态的物品储存,也含有动态的物品存取、保管和控制的过程;仓储活动发生在仓库等特定的场所;仓储的对象既可以是生产资料,也可以是生活资料,但必须是实物动产。

二、仓储的发展历程

(一)人工仓储阶段

此阶段货物的存取、保管和控制主要依靠人工及辅助机械来实现,具有实时性和直观性的优点。

(二)机械化仓储阶段

货物可以通过各种传送带、工业输送车、吊车、堆垛机和升降机来移动和搬运,用托盘货架和可移动货架来存储。机械化满足了人们对储存物品在速度、精度、高度、重量、重复存取和搬运等方面的要求。

(三)自动化仓储阶段

自动化技术对仓储技术及其发展起了重要的促进作用。20世纪50年代末开始,相继研制和采用了自动导引小车、自动货架、自动存取机器人、自动识别和自动分拣系统。到20世纪70年代,旋转式货架、移动式货架、巷道式堆垛机和其他搬运设备都加入了自动控制行列,但这时只是各个设备的局部自动化并各自独立应用,被称为"自动化孤岛"。随着计算机技术的发展,工作的重点转向货物的控制和管理,要求实时、协调和一体化,自动化技术逐渐成为仓储自动化技术的核心。计算机之间、数据采集点之间、机械设备控制器之间以及它们与主计算机之间可以及时汇总信息。目前,信息技术的应用已成为仓储技术的重要支柱。

(四)集成化仓储阶段

在 20 世纪 70 年代末和 80 年代,自动化技术越来越多地应用到生产和分配领域,显然,"自动化孤岛"需要集成,于是便形成了"集成系统"的概念。在集成系统中,整个系统的有机协作使得总体效益和应变能力大大超过了各部分独立效益的总和。集成化仓储技术作为计算机集成制造系统中物品存储的中心受到人们的重视。

(五)智能化仓储阶段

此阶段,仓储技术在集成化仓储的基础上继续升级,实现了与其他信息决策系统的集成,朝着智能化和模糊控制的方向发展。现在智能化仓储技术还处在初级发展阶段,未来仓储技术的智能化将具有广阔的前景。

三、仓储的种类

(一)按照仓储经营的主体分类

1. 自营仓储

自营仓储主要包括生产企业的仓储和流通企业的仓储。生产企业为满足原材料供应、半成品及产成品的保管需要而进行仓储保管,其储存的对象较为单一,以满足生产为原则。流通企业自营仓储则为流通企业所经营的产品进行仓储保管,其目的是支持销售。自营仓储不具有经营独立性,仅仅是为企业的产品生产或商品经营活动服务,相对来说规模小、数量多、专业性强、仓储专业化程度低、设施简单。

2. 营业仓储

营业仓储是指仓储经营人以其拥有的仓储设施向社会提供仓储服务。仓储经营人与存货人通过订立仓储合同的方式建立仓储关系,并且依据合同约定提供仓储服务并收取仓储费用。

营业仓储面向社会,以经营为手段,实现经营利润最大化,属于典型的社会第三方物流。与自营仓储相比,它的社会化程度高,使用效率也高,对促进社会物流的发展有积极的促进作用。

3. 公共仓储

公共仓储是公用事业的配套服务设施,为车站、码头提供仓储配套服务,其主要目的是保证车站、码头的货运作业和运输,具有内部服务的性质。

4. 战略储备仓储

战略储备仓储是国家根据安全、社会稳定的需要,对战略物资进行储备。战略储备仓储特别重视储备品的安全,且储备时间长。所储备的物资主要是粮食、油料和有色金属等。

(二)按照仓储的功能分类

1. 生产仓储

生产仓储为生产领域服务,主要保管生产企业生产加工的原材料、燃料、在制品和待销售的产成品。生产仓储包括原材料仓储、在制品仓储和成品仓储。

2. 流通仓储

流通仓储为流通领域服务，专门储存和保管流通企业待销售的商品，包括批发仓储和零售仓储。

3. 中转仓储

中转仓储是衔接不同运输方式的仓储。

4. 保税仓储

保税仓储是指使用海关核准的保税仓库存放保税货物的仓储。保税货物主要是进境后还需要复运出境的货物，或者海关批准暂缓纳税的进口货物。保税仓储受海关的直接监控，虽然说货物也由存货人委托保管，但保管人要对海关负责，入库或者出库单据均需要海关签署。保税仓储一般设置在进出境口岸附近。

5. 加工型仓储

加工型仓储是为了完成流通过程中的加工而专门设置的。这种仓储以加工为主、仓储为辅。

(三) 按照仓储的对象分类

1. 普通物品仓储

普通物品仓储是指不需要特殊保管条件的物品仓储。普通物品包括一般的生产品、普通生活用品、普通工具等。

2. 特殊物品仓储

特殊物品仓储是指在保管中有特殊要求和需要满足特殊条件的物品仓储，例如危险品仓储、冷库仓储和粮食仓储等。

四、仓储的意义和作用

(一) 仓储的意义

1. 做好仓储是顺利进行社会再生产的必要条件

商品从生产领域向消费领域转移的过程中，一般都要经过仓储阶段，这主要是因为商品的生产和消费在空间、时间及品种数量等方面存在矛盾。仓储的重要作用也正是在这些矛盾中体现出来的。

2. 仓储是保持商品原有使用价值和合理使用产品的重要手段

任何一种商品生产出来以后，由于自身理化性质以及外界不利因素干扰，其使用价值会降低，因此，必须对流通过程中的商品进行科学管理。仓储活动可以通过对商品的养护，最大限度地减少储存商品的变质耗损，以保护好暂时处于停滞状态的商品的使用价值。

3. 搞好仓储活动是加快资金周转、节约流通费用、降低物流成本和提高经济效益的有效途径

商品流通是连接商品生产和消费的桥梁和纽带，商品储存是商品流通的中间环节。合理的库存既是防止销售缺货的必要条件，也是降低经营成本的手段。

(二)仓储的作用

仓储的作用主要表现在以下几个方面。

1. 仓储是物流的主要功能要素之一

在物流中,运输和仓储被称为物流的两大功能。运输创造物质的空间价值,此地生产彼地消费;仓储创造物质的时间价值,此时生产彼时消费。运输和仓储创造了物流的时空价值,作为物流的两大支柱存在,是物流最基本的职能。

2. 仓储是社会再生产的必要条件之一

仓储作为社会再生产各环节之中以及社会再生产各环节之间的"物"的停滞,构成了上一步活动和下一步活动衔接的必要条件。

3. 仓储是企业"第三利润源"的重要渠道之一

企业为了增加利润、创造更多的利润增长点,把目光转向了物流。通过优化物流作业流程,减少物流作业成本,提高物流运作水平,可以给企业创造更多的利润。作为物流基本职能之一的仓储可以通过创造物流时间价值来给企业增值。

五、仓储的功能

仓储的基本任务是存储保管、存期控制、数量管理、质量维护。同时,利用货物在仓储场地的存放从而开发多种服务是提高仓储附加值、促进商品流通、提高社会资源效益的有效手段,也是仓储的重要任务。

仓储的功能

1. 存储保管

货物存储既是仓储活动的表征,也是仓储最基本的任务,是仓储存在的根本原因。为确保存储货物的价值不受损害,保管人有义务妥善保管好存储货物。

2. 存期控制

货物存储的时间既可以是长期的也可以是短期的,对存期的控制自然就形成了对流通的控制。存期控制的任务就是对货物的存储和流通做出安排,确定存储时机、计划存储时间和存储地点。

3. 数量管理

每批货物的出库总量必须与入库总量一致;保管人必须按照货主的要求分批收货或分批出货,从而配合物流管理的有效实施,并及时向客户提供存货数量的信息服务,以便客户对储存货物进行数量控制。

4. 质量维护

将质量完好的货物交还存货人是保管人的基本任务。存货人把货物交给仓储保管人,通过在库时有效的仓储保管作业,保证货物在库的完好无损是仓储的主要工作。

5. 交易中介

仓库中存放着大量有形资产,保管人可以利用与交通运输、商业网点等广泛业务联系的优势,开展现货交易中介业务,这样有利于加速仓储货物的周转和吸引新的仓储业务。

6. 流通加工

对库存货物进行定型、分装、组装、包装等作业，可以满足客户的需求，也可以实现价值的增值。

7. 配送

对于生产、消费集中地区的仓库，为工厂、销售点的原材料（零部件）或商品进行配送已经成为仓储的基本业务。根据生产的进度和销售的需要，仓库会不间断地、小批量地将仓储货物送往生产线、零售商店和收货人。

8. 配载

货物在仓库里集中，按照运输方向进行分类仓储，运输工具到达时出库装运。

任务二　仓　储　管　理

一、仓储管理的含义

(一)管理的概念

"管"是指命令、约束；"理"是指引导、协调。管理的目的是通过命令、约束和协调使事物发展符合其固有规律。广义的管理是指应用科学的手段安排组织社会活动，使其有序进行。狭义的管理是指为保证一个单位全部业务活动而实施的一系列计划、组织、协调、控制和决策的活动。

(二)仓储管理的概念

狭义的仓储管理是指对货物存储的经营管理。广义的仓储管理是指对物流过程中货物的储存、中转过程以及由此带来的货物装卸、包装、分拣、整理、后续加工等一系列活动的经营管理。本书将仓储管理定义为仓储机构利用其所具有的仓储资源对存储货物进行的计划、组织、控制和协调的过程，其中包括空间管理、商品管理、人事管理、经营决策等一系列管理工作。

二、仓储管理的基本要素

(一)存储结构

存储结构是指仓库储存的原材料、半成品或商品的种类、规格、金额、储存量之间的比例关系。仓储服务的对象是仓储结构的决定性因素。

(二)仓储数量

仓储数量是指在新的材料、半成品或商品进库前，保证生产或流通顺利进行并可正常供应所需要的数量。仓储数量包括生产或市场的需要量和仓储安全量。

(三)仓储时间

仓储时间包括有形损耗和无形损耗。仓储数量越大而消耗的速度越慢，则仓储时间越长，存储过程中的损耗也越大。

(四)仓储费用

仓储费用是指货主委托公共仓库进行货物保管时,仓库收取货主的服务费用,包括保管和装卸等各项费用,或企业内部仓储活动所发生的保管费、装卸费以及管理费等各项费用。

三、仓储管理的内容

(一)仓库的选址与建设

仓库的选址与建设是仓储管理的重要内容,也是仓储效率的一个基本考核点。仓库选址合理与否,直接决定仓储的效率。仓储管理是从仓库选址开始的。

(二)仓库机械设备的选择与配置

仓库选址完成之后就是仓库的建设和设施设备的配置。根据仓库的建设情况和仓库规划,对设施设备进行合理的配置。既能满足仓储作业的要求又避免仓储设施设备的闲置与浪费,是最合理的配置方法和思路。

(三)仓储的作业管理

仓储管理的重点是仓储的作业管理,分别是入库作业管理、在库作业管理和出库作业管理,这是仓储管理的三步曲。入库作业管理是做好仓储工作的第一步,严把入库质量关,保证入库物资的准确无误;做好仓储物资的在库管理,保质保量,保证在库物资的完好无损;出库作业管理是仓储管理的重要环节,出库作业管理做得好不好,影响仓储的作业绩效。

(四)仓储成本控制与绩效考核

仓储和运输是物流的两大基本职能,做好仓储管理是实现企业"第三利润源"的重要渠道和保障。对仓储作业进行优化和有效的控制,可保证仓储成本的降低和收益的提高。

四、仓储管理的任务

仓储管理的基本任务就是满足客户需求,科学合理地做好物品的入库、保管和出库等作业,为客户创造价值,为企业创造利润。具体来说,仓储管理的任务包括以下内容。

(一)利用市场经济手段获得最大效益的仓储资源配置

仓储资源配置应遵循市场经济资源配置的原则,即实现资源的最大效益。具体任务包括:根据市场供求关系确定仓库的建设规模,依据竞争优势选择仓库的地址,以产品差异决定仓储专业化分工并确定仓储功能,以确定的功能决定仓库布局,根据仓储设备利用率决定仓储设备配置等。

(二)以高效率为原则组织管理机构

管理机构是开展有效仓储管理的基本条件,是仓储管理活动的保证和依托。生产要素(特别是人的要素)只有在良好组织的基础上才能发挥作用,实现整体的力量。仓储管理机构的确定需围绕仓储经营目标,以实现仓储经营的最终目标为原则,依据管理幅度、因事设岗、责权对等的原则,建立结构简单、分工明确、相互合作和促进的管理机构。

(三)以高效率、低成本为原则组织仓储生产

仓储生产包括货物入仓、堆存、出仓的作业,仓储货物验收、理货交接,在储存期间的保管

照料、质量维护、安全防护等。仓储企业应遵循高效、低耗的原则,充分利用机械设备、先进的保管技术、有效的管理手段,实现货物快进、快出,提高仓储的利用率,降低成本,不发生差、损、错事故,保持连续稳定地生产。

五、仓储管理的原则

(一)保证质量

仓储管理的一切活动,都必须以保证在库物品的质量为中心。没有质量的数量是没有意义的,甚至是有害的。为了完成仓储管理的基本任务,仓储活动中的各项作业都必须有质量标准,并严格按照标准执行。

(二)注重效率

仓储效率影响整个物流系统的效率和成本。在仓储过程中,要充分发挥仓储设施设备的作用,提高其利用率;要充分调动仓库生产人员的积极性,提高劳动生产率;要加速在库物品的周转,缩短物品在库时间,提高库存周转率。

(三)确保安全

仓储活动中不安全因素很多,有的来自库存物,有的来自装卸搬运作业,还有的来自人为破坏。因此,要加强安全教育、提高认知、制订安全制度,贯彻执行"安全第一,预防为主"的安全生产方针。

(四)讲求经济

仓储活动中所耗费的物化劳动和活劳动的补偿是由社会必要劳动时间决定的。为实现一定的经济效益目标,必须争取以最少的人财物的投入获得最高的收益,这也是"物流第三利润源"的体现——只有对整个物流仓储过程进行管理和控制,才能保证仓储服务质量、提高仓储服务质量。

任务三　仓储企业的组织结构与岗位职责

一、仓储企业的组织结构

仓储企业的组织结构是指仓储企业组织内部各个有机构成要素相互作用的联系方式或形式,它涉及决策权的集中程度、管理幅度的确定、组织层次的划分、组织结构的设置、管理权限和责任的分配方式及认定、管理职能的划分,以及组织中各层次、各单位之间的沟通方式等问题。

(一)组织结构设计的主要内容

仓储企业组织结构的本质是反映组织成员之间分工协作关系的,其内涵是组织成员在职、责、权方面的结构体系,主要包括以下结构:

(1)层次结构,即组织中各管理层次的构成,组织中的管理层次反映组织的分工关系,不同层次执行不同的任务。

(2) 职能结构,即实现企业目标管理的各级职能工作及其比例和关系。

(3) 职权结构,即各层次、各部门在权利和责任方面的分工及其相互关系。

(4) 部门结构,即各管理部门的结构,又称组织横向结构,不同的管理部门代表不同的管理专业,部门结构就是管理的分工和专业化。

(二) 组织结构设计的基本原则

组织结构是企业的骨架,是企业实现战略目标的载体,是企业运营的支撑,是企业岗位设置的依据,是企业信息流通的渠道。如果企业缺乏合理的组织结构,就会造成分工不明确、权责不清楚、沟通渠道不畅通等问题,其内在机制很难充分发挥。组织结构设计应遵循以下原则。

1. 目标原则

每个部门或岗位都是企业组织结构的一部分,都与特定的目标相关,否则就没有存在的价值。企业设置的每一个部门或岗位,都不是随意而为,而是要为实现战略目标做出贡献的。设置部门、岗位要以事为中心,事与人要高度配合,而不是以人为中心,因人设部门、因人设岗位、因岗位设部门。

2. 精简原则

对实现企业战略目标没有实际意义的部门、岗位一律不能设,企业组织结构设计必须保证精简。精简高效就是要考虑管理层次和管理幅度两个问题。管理层次指企业自上而下或自下而上的管理阶梯。管理幅度是部门负责人直接有效管理下属的人数。在一定的条件下,管理幅度越宽越好,管理层次越少越好。

3. 责、权、利对等原则

责任是岗位必须履行的义务,权力是岗位规定应该行使的权力,利益是在岗位工作中付出之后应当享受的收益。在岗位设置时,责任、权力和利益要相对应,这样才能保证岗位的有效性。

4. 分工与协调原则

企业是一个有机整体,各部门、岗位不仅要分工明确,更要相互协调。只有分工明确,才能保证工作到位;只有相互协调,才能保证工作顺利完成。

(三) 仓储企业组织结构的设计

仓储企业组织结构可依据企业的类型、规模、经营范围和管理体制等不同而选择不同的模式,设置不同的管理层次、职能工作组,安排不同的人员。

1. 按照职能不同设计仓储部组织结构

将仓储部主导业务分解成多个环节,由相应的职能小组负责执行,具体组织结构示例如图1-1所示。

2. 按照存储对象不同设计仓储部组织结构

根据企业生产、经营的需要,将不同的物资分别存放在不同的仓库,然后相应地设置职能工作组、配备人员,具体示例如图1-2所示。

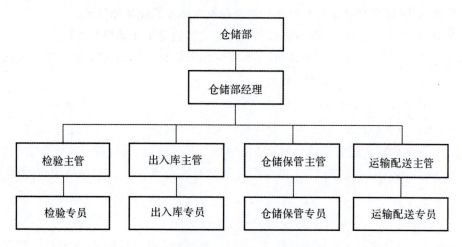

图1-1 按照职能不同设计的仓储部组织结构

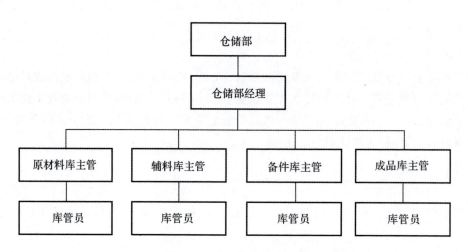

图1-2 按存储对象不同设计的仓储部组织结构

3.按仓库规模设计仓储部组织结构

(1)小型仓储部组织结构范例如图1-3所示。

图1-3 小型仓储部的组织结构

(2)中型仓储部组织结构范例如图1-4所示。

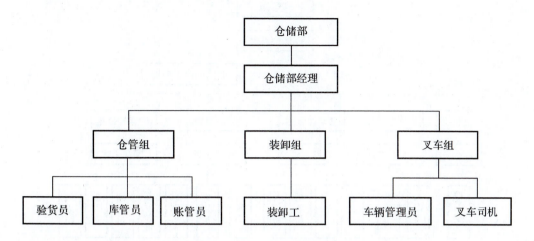

图1-4 中型仓储部的组织结构

(3)大型仓储部组织结构范例如图1-5、图1-6所示。

1)按大型仓库存储物资的类型设计的仓储部组织结构范例如图1-5所示。

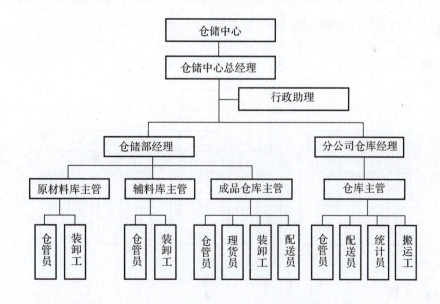

图1-5 按存储物资的类型设计的大型仓储部组织结构

2)按大型仓库的不同职能设计的仓储部组织结构范例如图1-6所示。

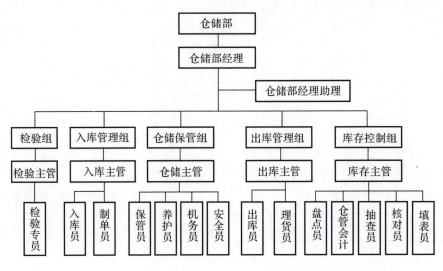

图1-6 按不同职能设计的大型仓储部组织结构

4. 按不同企业类型设计仓储部组织结构

(1)对零售超市而言,其仓储部主要负责各类商品的出入库管理、在库商品保管、理货配货及安全管理等。零售超市仓储部的组织结构范例如图1-7所示。

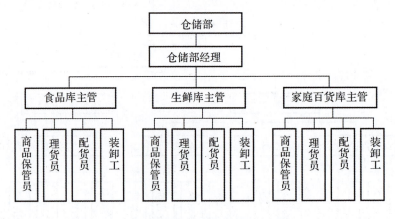

图1-7 零售超市仓储部的组织结构

(2)对物流企业而言,其仓储部主要职能是按照客户的需求提供物资仓储服务。物流企业仓储部的组织结构范例如图1-8所示。

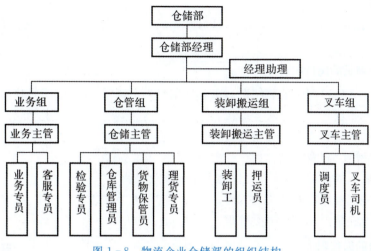

图 1-8 物流企业仓储部的组织结构

二、仓储企业的岗位职责

(一)仓储主管的岗位职责

仓储主管是仓库的主要负责人,负责仓库的全局工作。

1. 规范流程

执行并监控仓库作业流程及各项制度的实施,对仓库的正常运作负责,对每天每项收、存、发作业的运行情况实行检查,发现问题立即处理,确保仓库作业流程及各项制度的执行情况良好。

2. 掌握库存

准确记账、报账;加强仓库货物的盘点作业,保证在库物资的账物相符、账账相符;熟知在库全部货物的情况,并进行及时检查和核对。

3. 安排库位

科学合理安排货物的库位与堆放,杜绝货物的无序堆放、条理不清和进货无位,库存物资记录一定要清楚,安排一定要有序,保证在库物资的保养和盘点顺利进行。

4. 保管货物

仓库的重要工作是在库物资的养护,所以仓库主管的重要职责就是要保证在库物资的完好无损。

5. 安全工作

作为仓库的主要负责人,要严把安全关;做好库区的防火、防水和防盗工作;健全值班制度,触犯法律的应承担相应的法律责任。

6. 培训与考核

不断提高自身的业务水平,对员工进行培训与考核,掌握员工的思想动态,及时做好员工的思想工作,保证每一名员工的工作状态良好。

7.严格纪律

建立并不断完善仓库内的工作记录;针对仓库的运作流程,制定相关的工作制度,并在工作中不断完善。

(二)入库管理员的岗位职责

(1)负责货物入库过程中的装卸搬运工具选用与人员调派,并安排工具使用时段与人员的工作时间、地点和班次。

(2)制定相应的货物入库管理制度及工作流程。

(3)负责货物的合理及安全存放。

(4)建立货物入库台账,每日进行货物入库记录及统计。

(5)严格按照规章制度办理货物入库。

(6)对退货及换货产品进行另类处理。

(三)保管员的岗位职责

(1)仓库保管员要努力学习业务知识,不断提高业务素质。

(2)严格遵守公司的各项规章制度,坚持原则、秉公办事。

(3)建立库存货物的保管账、卡片,货物要分类存放,标明名称、规格、数量、期限等。

保管员岗位职责

(4)负责检查验收进出库的货物,核对好货物的品名、数量和质量、包装等信息。

(5)按时检查库房内外环境,保持通风,防止潮湿、霉变;注意防火、防盗、防虫蛀等安全管理。

(6)每日盘点库存,发现问题并及时处理。

(四)出库管理员的岗位职责

(1)在仓库主管的领导下,做好验证、出库等工作。

(2)严格执行出库作业流程,根据出库单的内容验证所提货物的品名、规格、数量、编号和提货车号,并将相关数据录入计算机。

(3)保证出库时的货物安全、人身安全和其他安全。

(五)理货员的岗位职责

(1)核对货物品种、数量、规格、等级、型号和重量等。

(2)检验货物的包装、标志,对出库代运的货物进行包装、拼装、改装或加固包装,对包装、拼装或换装的物品填写装箱单。

(3)对货物进行搬运、整理、堆码。

(4)按货物的运输方式、流向和收货地点将出库货物分类管理、分单集中,填写货物启运单,通知运输部门提货发运。

项 目 小 结

本项目主要介绍仓储的概念、功能和作用,仓储管理的概念和基本要素,仓储管理的内容、任务和原则,仓储企业的组织结构与岗位职责。顺利完成仓储任务、有效提供仓储服务,都需要合理的仓储组织结构做保证。因此,应根据不同企业特点,建立合理的仓储组织结构。

【实训作业】

实训一 仓储作业流程认知的技能训练

李明是刚刚毕业的大学生,他应聘到一家物流企业仓储部工作。面对各种复杂的仓储业务,他有点儿无所适从。仓储部经理建议他应先对企业的仓储业务有个基本的认识,再逐步熟悉各种仓储作业流程。于是,李明开始了为期一个月的调研。为了给以后的工作打下基础,他应该从哪些方面入手进行调研呢?

实训二 认识仓储企业

选取一家仓储企业进行实地参观调研,对仓储企业有一个总体上的了解和认识。请公司工作人员介绍仓库货场基本情况,熟悉各部门所处的位置,并请相应部门的主管或者有工作经验的人讲解该部门的职能、机构设置及人员配备、业务分工、基本作业流程等。

实训三 仓储组织结构设计

某仓库为粮食储备库,有10个库,分别是1~10号库,主要存放玉米、小麦和高粱,现有仓库作业人员20人。请为该仓库设计一个合理的组织结构图。

【课后习题】

一、单选题

1. 仓储是保持商品(　　)和合理使用产品的重要手段。
   A. 属性　　　　　　B. 原有使用价值　　　C. 价值　　　　　　D. 价格
2. 仓储是(　　)的重要源泉之一。
   A. 社会活动　　　　B. 第三利润源　　　　C. 企业盈利　　　　D. 社会收益
3. 对库存物资进行定型、分装、组装、包装等作业,一可以满足消费者的需求,二可以创造价值的增值的功能是(　　)。
   A. 仓储　　　　　　B. 配送　　　　　　　C. 流通加工　　　　D. 搬运
4. 商品在仓库集货,按照运输方向进行分类仓储,运输工具到达时出库装运的功能(　　)。
   A. 仓储　　　　　　B. 配送　　　　　　　C. 配载　　　　　　D. 搬运
5. 在岗位设置时,责任、利益和(　　)要相对应,这样才能保证岗位的有效性。
   A. 利润　　　　　　B. 权力　　　　　　　C. 收益　　　　　　D. 任务

二、多选题

1. 按仓储的经营主体分类,仓储可分为(　　)。
   A. 自营仓储　　　　B. 营业仓储　　　　　C. 公共仓储
   D. 战略储备仓储　　E. 社会仓储

2.按照仓储的对象分类,仓储可分为( )。
A.普通物品仓储　　B.特殊物品仓储　　　C.日用品仓储　　D.危险品仓储
3.仓储管理的原则是( )。
A.保证质量　　　　B.注重效率　　　　　C.确保安全　　　D.讲求经济
4.仓储企业组织结构设计的主要内容( )。
A.层次结构　　　　B.职能结构　　　　　C.职权结构
D.部门结构　　　　E.人事结构
5.仓储主管的岗位职责有( )。
A.规范流程　　　　B.掌握库存　　　　　C.安排库位　　　D.保管货物

三、简答题

1.简述仓储的功能。
2.简述仓储的基本要素。
3.简述仓储管理的内容。
4.简述仓储企业组织结构的设计。

项目二　仓库的规划与设计

知识目标：

1. 理解仓库的选址原则及方法。
2. 理解仓库整体布局的原则及影响因素。
3. 熟悉储位规划的原则及方法。
4. 掌握仓库的总体构成。

技能目标：

1. 能够为仓库选址的决策提供科学分析。
2. 能够进行简单的库房规划布局。
3. 能够根据库存商品及仓库特点进行储位规划。

▶ **案例导入**

太原市民营园区阳曲仓储产业园选址研究报告

一、项目背景

在太原市推进产城融合、城乡统筹发展的大背景下，为实现太原市民营经济开发区基础产业升级，完善阳曲板块产业功能结构，依托《太原市民营经济开发区（阳曲工业新区）总体发展规划方案》，对区域产业布局进行优化，太原市民营经济开发区管委会拟在其阳曲板块选址建设仓储产业园，特编制《太原市民营园区阳曲仓储产业园选址研究报告》。

二、选址规模

选址范围内的具体项目及用地规模如下：山西穗华仓储物流园选址规模为44.6公顷（669亩）；江南城市中央厨房拟选址用地26.7公顷（400亩）；省勘察院仓储拟选址用地3.3公顷（50亩）；村改居项目需安置7个行政村，共16个自然村、2 875户、7 738人，按人均安置用地133 m² 计算，需102.91公顷，该区域安置用地约为70公顷；民营区基础区退二进三项目需75公顷，所有项目总用地约为220公顷。故确定选址规模为220.11公顷。

三、选址范围

选址位于太原市工业园区范围内，城市建设用地范围外。北侧至108国道，南侧、西侧、东侧分别至 30 m 城市规划路。选址总用地为 2.2 km²。

四、选址用地现状概况

选址现状为侯村、南塔地村、青龙镇村用地,有军用雷达站、穗华物流、太原市盛畅物资有限公司、市天蓬农业发展有限公司、侯村乡金叶希望中学等单位。范围内地势存在高差,南高北低,西高东底,最大高差 23 m。

五、选址论证分析

1. 与城乡规划相容性分析

选址用地处在《阳曲县土地利用总体规划(2006—2020)》中,为允许建设区、现状建设用地、有条件建设区。本项目处于《太原工业新区总体规划(2007—2020)》所确定的城市规划建设用地范围之外。随着太原工业新区的发展,该区域的发展也势在必行。

2. 规划用地结构分析

规划范围内分为生产性和生活性两部分用地结构,以贯彻规划范围的 30 m 城市道路为界,西侧为产业仓储物流区。用地包括仓储物流、工业用地、特殊用地。东侧为配套生活区,用地包括居住用地、商业服务业设施用地、公用设施用地、绿地与广场用地。其中物流仓储用地面积 77.21 公顷,占总用地 35.08%;工业用地面积 25.38 公顷,占总用地 11.53%;居住用地面积 47.56 公顷,占总用地 21.61%;商业服务业设施用地面积 4.71 公顷,占总用地 2.14%;公用设施用地面积 0.4 公顷,占总用地 0.18%;绿地与广场用地面积 29.94 公顷,占总用地 13.60%;特殊用地面积 3.15 公顷,占总用地 1.43%;道路与交通设施用地面积 31.76 公顷,占总用地 14.43%。

3. 限制因素分析

选址方案限制要素:军用雷达站周边不得有境外开发机构;现状天然气管道贯穿规划区,管道两侧防护距离按 30 m 控制;规划 110 kV 高压线贯穿规划区,线路两侧防护距离按 16 m 控制;现状 108 国道两侧防护距离按 50 m 控制;北同蒲铁路两侧防护距离按 20 m 控制。

请分析:

太原市民营园区阳曲仓储产业园选址分别考虑了哪些影响选址的因素?

任务一 仓库选址

仓库选址对物流企业的发展至关重要,仓库选址的优劣直接影响物流企业的工作效率,对商品流转速度和流通费用产生直接的影响,并关系到企业的服务水平和服务质量,最终影响企业的销售量和利润。选址不当会给企业带来很多不良后果,并且难以改变。因此,在进行仓库选址时,企业管理者必须充分考虑多方面因素的影响,慎重决策。

一、仓库选址的原则

1. 适应性原则

仓库选址必须与国家的经济发展方针、政策相适应,与我国物流资源分布和需求分布相适应,与国民经济和社会发展相适应。

2. 协调性原则

仓库选址应将国家的物流网络作为一个大系统来考虑,在地域分布、物流作业生产力、技术水平等方面相互协调。

3. 经济性原则

仓库选址定在市区、近郊区或远郊区,其未来物流活动辅助设施的建设规模与建设费用、运费等物流费用是不同的。因此,企业管理者在进行仓库选址时应以总费用最低作为仓库选址的经济性原则。

4. 战略性原则

仓库选址应具有战略眼光,一要考虑全局,二要考虑长远。局部要服从全局,短期利益要服从长远利益,既要考虑目前的实际需要,又要考虑未来发展的可能。

二、影响仓库选址的因素

(一)储存物品因素

储存物品的特性直接影响仓库的储存方式及作业方式,仓库选址应充分考虑适应物品特性。例如,主要用于储存大宗物资、负责进出口业务的仓库,其选址应在港口附近,这样既能利用廉价的水运资源,又可直接配合散装船的装卸,缩短作业的时间。

(二)经济因素

1. 宏观经济政策

在进行选址决策时,企业管理者要充分考虑当地政府的政策法规等因素,仓库规划建设必须与国家的经济发展方针、政策相适应。例如,有些地区的政府为促进当地经济发展,对物流业采取比较积极的态度,鼓励在特定区域进行仓库的建设,并在税收、土地、资本等方面提供比较优惠的政策。

2. 建设和运营成本

在进行选址决策时,成本的核算也是非常重要的一项。仓库的建设和运营成本不仅包括建筑及购置设备的成本,还包括土地成本、运输成本、人工成本和原材料成本等。

(1) 建筑及购置设备的成本。不同仓库的结构、大小、使用的材料和配备的设备不同,花费的成本也就不同。

(2) 土地成本。不同的仓库选址方案,对土地的征用位置、征用大小等方面的要求是不同的,因而成本也不同。仓库的选址应尽量避免占用农业用地和环境用地。此外,仓库的选址还要为仓库将来的发展留出空间。

(3) 运输成本。合理选址要考虑运输成本,做到运输距离最短,尽量减少运输过程的中间环节,将运输成本降到最低。

(4) 人工成本。仓库作业活动需要大量具有各种技能和素质的人才:技术密集型的仓库对人才的素质要求较高,数量要求相对较少;劳动密集型的仓库对工人的素质要求相对较低,但数量要求较多。不同地区的各种素质人才分布存在不平衡,同时,不同地区的薪资水平也可能不尽相同。因此,人工成本是仓库选址决策中必须考虑的因素之一。

(5)原材料成本。企业对原材料供应的要求一般都比较严格,将仓库地址定位在原材料产地附近,不仅能够保证原材料的安全供应,还能够降低运输费用,减少时间差,获得较低的采购价格。

(三)环境因素

1.地理因素

影响仓库选址的地理因素包括地质条件、水文条件和水文地质条件、气候条件等。

(1)地质条件。仓库应建在地质坚实、干燥、平坦的地方,其地基应具有较高的承载力。仓库必须避免建在有不良地质现象或地质结构不稳定的地段。

(2)水文条件和水文地质条件。在沿河地区修建仓库时,要调查和掌握有关的水文资料,特别是汛期洪水最高水位等情况,防止洪水侵害。同时,要根据水文地质条件考虑地下水位的情况,水位过高的地方不宜修建仓库。此外,还要考虑排水的情况。

(3)气候条件。仓库的选址还应考虑当地的气候条件,如空气湿度、空气中的盐分、降雨量、风向、风力、瞬时风力等。

2.配套设施

(1)交通运输条件。仓库的所在地应具有良好的交通运输条件,最好靠近水陆空交通运输线。大型仓库还应考虑铺设铁路专用线或建设专用水运码头。道路畅通、平稳可降低仓库的运作成本,同时有助于吸引更多的客户。

(2)水电供应条件。仓库应选择靠近水源、电源的地方,以保证水电供应。仓库内的水源主要供生活和消防用水,因此,要了解和掌握仓库供水系统及周围用水单位的情况,调查用水高峰期消防用水的保障程度,以防紧急情况下供水不足。例如,某棉纺公司原计划在 A 地修建仓库,后来经过调查发现,A 地每天 6:30—8:30 和 17:00—19:00 供水沿线的用水总需求量非常大,水压无法达到消防要求,该公司最终放弃了在 A 地修建仓库的计划。

(3)其他配套设施。其他配套设施如通信、能源等方面的基础设施越完善,对仓库的选址越有利。

3.环境安全

仓库选址要考虑周边环境的安全。仓库应与周边其他单位、居住区保持一定的安全距离。为方便消防救援,周围道路必须保证交通通畅。另外,还要分析相邻单位的生产性质与排污状况,以避免储存物品遭到不必要的侵蚀和污染。

(四)竞争因素

1.竞争对手

竞争对手的仓库地址对本企业仓库的选址工作有一定的影响。竞争对手的竞争策略、实力及与竞争对手的差异等都会影响本企业仓库的选址工作。

2.服务水平

为了能够更好地服务客户,提高对客户需求的响应速度,许多企业都将仓库建在服务区附近。一般来说,仓库越接近市场,其运输成本就越低,服务水平也就越高。但是,越接近市场土地越昂贵。因此,企业必须对两者之间的取舍加以评估。

3. 市场需求性

市场需求性应在选址决策时慎重调研。仓库选址应选在辐射范围内有市场需求的地带。若某一地区的仓储市场需求颇佳,即使是其他条件略差,企业仍然值得认真考虑在该地区修建仓库;反之,即使仓库选址其他因素均具备,但不具有市场需求性,该地区也不宜作为修建仓库的地点。

4. 企业的实力

企业的人力、物力、财力也是影响仓库选址的关键因素。

三、仓库选址的方法

新建一个仓库时,可用加权因素法、重心法来进行选址。

(一)加权因素法

选址决策时要综合考虑各项影响因素,决策者可以使用加权因素法,对每个影响因素的重要性加以区分,再打分计算结果,以此分析选址方案是否适合。加权因素法分为以下6个步骤:

(1)列出所有相关因素。
(2)赋予每个因素权重以反映它在决策中的相对重要性。
(3)给每个因素的打分设定一个范围(1~10或1~100)。
(4)根据第(3)步设定的取值范围就各个因素给每个选址方案打分。
(5)将每个因素的得分与其权重相乘,计算出每个选址方案的得分。
(6)考虑以上计算结果,总分最高者为最优。

【例】 某物流企业拟新建一仓储中心,现有多个地址可供选择,根据各个地址的地理位置、市场条件、政策条件、供应商分布、资源条件、人力资源、交通条件等因素设置不同的权重,并对每个方案进行打分,见表2-1。

表2-1 加权因素法

影响因素	权重	各选址方案分数			
		A方案	B方案	C方案	D方案
地理位置	9	4	3	2	2
市场条件	6	4	4	3	0
政策条件	2	1	3	2	2
供应商分布	5	3	3	2	2
资源条件	7	2	3	2	4
人力资源	3	2	1	3	4
交通条件	10	4	3	3	2
得分合计		137	126	103	92

根据表2-1计算结果可知,A方案的选址优于其他三个方案。

(二)重心法

重心法是单设施选址中常用的模型。在这种方法中,选址因素只包含运输费率和该点的货物运输量,这在数学上被归纳为静态连续选址模型。

设有一系列点分别代表供应商位置和需求点位置,各自有一定量物品需要以一定的运输费率运往待定仓库或从仓库运出,那么仓库应该处于什么位置(见图2-1)?

重心法选址

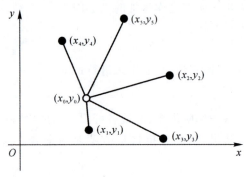

图2-1 重心法

计算方法如下:

$$T = \sum a_j w_j d_j$$

$$d_j = \sqrt{(x_d - x_j)^2 + (y_d - y_j)^2}$$

式中:T——运输总成本;

w_j——P_0到节点J的运输总量;

a_j——P_0到节点J的运输费率;

d_j——P_0到节点J的距离。

则

$$T = \sum a_j w_j \sqrt{(x_d - x_j)^2 + (y_d - y_j)^2}$$

求解(x_d, y_d)使T最小,则

$$x_d = \frac{\sum a_j w_j x_j / d_j}{\sum a_j w_j / d_j}$$

$$y_d = \frac{\sum a_j w_j x_j / d_j}{\sum a_j w_j / d_j}$$

(x_d, y_d)中含有未知数,故只能先计算初始值(x_d, y_d),然后逐步迭代,直到满足$T^{k+1} \geqslant T^k$,具体步骤:

(1)忽略d_j,先求得待选址设施的初始坐标

$$x_{d0} = \frac{\sum a_j w_j x_j}{\sum a_j w_j}$$

$$y_{d0} = \frac{\sum a_j w_j y_j}{\sum a_j w_j}$$

(2) 将(x_{d0}, y_{d0})代入d_j,计算出d_{j0};

(3) 将d_{j0}代入T,计算出T_0;

(4) 反复迭代计算d_j与T,直到(x_{dk}, y_{dk})满足$T^{k+1} \geqslant T^k$。

【例】 某物流公司拟建一仓库负责向4个工厂进行物料供应配送,各工厂的具体位置与年物料配送量见表2-2,假设拟建物流公司仓库对各工厂的单位运输成本相等。利用重心法计算确定物流公司的仓库坐标位置。

表2-2 各工厂的位置与年物料配送量

工厂及其位置坐标	P_1		P_2		P_3		P_4	
	x_1	y_1	x_2	y_2	x_3	y_3	x_4	y_4
	20	70	60	60	20	20	50	20
年配送量/t	2 000		1 200		1 000		2 500	

解:

$$x_{d0} = \frac{\sum a_j w_j x_j}{\sum a_j w_j} =$$

$(20 \times 2\,000 + 60 \times 1\,200 + 20 \times 1\,000 + 50 \times 2\,500)/(2\,000 + 1\,200 + 1\,000 + 2\,500) = 38.4$

$$y_{d0} = \frac{\sum a_j w_j y_j}{\sum a_j w_j} =$$

$(70 \times 2\,000 + 60 \times 1\,200 + 20 \times 1\,000 + 20 \times 2\,500)/(2\,000 + 1\,200 + 1\,000 + 2\,500) = 42.1$

该仓库选址坐标为(38.4, 42.1)

任务二 仓库整体布局与货区布局

一、仓库整体布局

仓库整体布局是指根据仓库场地条件、仓库业务性质和规模、技术设备使用特点以及员工工作生活等因素,对仓库各组成部分在规定的范围内进行平面和立体的合理安排和布置,最大限度地提高仓库的储存能力和作业能力,并降低各项仓储作业费用,同时兼顾员工工作生活便利性。仓库的货区布局和规划,是仓储业务和仓库管理的客观需要,其合理与否直接影响到各项工作的效率和储存物资的安全。因此,不但建设新仓库时要重视仓库的合理布局,随着技术的进步和作业情况的变化,而且应重视对老仓库进行必要的改造。

仓库的布局

(一)仓库的整体构成

仓库由储运生产区、辅助生产区和行政商务区构成。储运生产区主要进行装卸货、入库、拣选、流通加工、出库等作业,这些作业一般具有流程性的前后关系。辅助生产区和行政商务区内主要进行计划、协调、监督、信息传递、维修等活动,与各储运生产区有作业上的关联性。

1. 储运生产区

储运生产区是仓库的主体部分,是商品储运活动的场所,主要包括储货区、道路、装卸台等。储货区是储存保管的场所,具体分为库房、货棚、货场等不同形式。综合来说,储货区主要由保管区和非保管区两大部分组成。保管区主要用于储存商品,非保管区主要包括收发货区、集货区、各种装卸设备通道等。

按照仓储作业的功能特点又可把库房储存区划分为待检区、待处理区、不合格品隔离区、合格品储存区等。其中,待检区用于暂存处于检验过程中的商品,待处理区用于暂存不具备验收条件或质量暂时不能确认的商品,不合格品隔离区用于暂存质量不合格的商品。

收发货区是供收货、发货时临时存放物品的作业用地。收发货区的位置应靠近库门和运输通道,可设在库房的两端或适中的位置,并要考虑到收货、发货互不干扰。收发货区的面积,则应根据一次收发批量的大小、物品规格品种的多少、供货方和用户的数量、收发作业效率的高低、仓库的设备情况、收发货的均衡性、发货方式等情况确定。

库区的通道,可分为运输通道(主通道)、作业通道(副通道)和检查通道。运输通道保证商品的进出库、库内商品搬运的顺利进行。通道设计要便于装卸搬运工具的行进,在节约仓储空间的基础上方便工作人员存取物品,并尽可能缩短库内搬运距离。通道宽度主要取决于装卸搬运设备的外形尺寸和单元装载的大小,一般为 1.5~3 m。如果使用叉车作业,其通道宽度可以通过计算求得。当单元装载的宽度不太大时,可利用下式计算:

$$A = P + D + L + C$$

式中:A—— 通道宽度;

$\quad\quad P$—— 叉车外侧转向半径;

$\quad\quad D$—— 货物至叉车驱动轴中心线的间距;

$\quad\quad L$—— 货物长度;

$\quad\quad C$—— 转向轮滑行的操作余量。

作业通道是供作业人员存取搬运物品的走行通道,其宽度取决于作业方式和货物的大小。检查通道是供仓库管理人员检查库存物品的数量及质量而行走的通道,其宽度只要能使检查人员自由通行即可,一般为 0.5 m 左右。

装卸站台是供火车或汽车装卸货物用的建筑平台,在港口使用码头。站台高度可设计成与铁路货车车厢底面或汽车车厢底面高度相等,以便于叉车作业;也可使用液压式升降平台,灵活调整站台高度便于配合不同类型货车进行装卸。站台的宽度和长度要根据作业方式和作业量而定。

2. 辅助生产区

辅助生产区是为商品储运保管工作服务的辅助车间或服务站,包括停车库(场)、检修车间和充电间等辅助生产用区。辅助服务虽然不直接参与仓储作业,却是完成仓储作业所必需的。辅助生产区的布置应尽量减少占地面积,保证仓库有效运行。

3. 行政生活区

行政生活区包括办公场所、活动场所、生活场所等,一般设在仓库入库口附近,便于业务接洽和管理。行政生活区与生产作业区应分开,并保持一定距离,以保证仓库的安全,以及行政办公和居民生活的安静。职工住宅必须与库区分开,或用围墙分隔,并应有单独的出入口,不得通过库区。

办公场所是仓库工作人员办公的地方,包括各种办公室、化验室、警卫室等。办公场所是仓库生产管理的中心,应布置在主要出入口处,并与作业区用围墙隔开,这样既方便工作人员与作业区的联系,又避免一般接洽业务的人员进入作业区。

在划定各个区域时,必须注意使不同区域所占面积与仓库总面积保持适当的比例。物品储存的规模决定了主要作业场所规模的大小。同时,仓库主要作业的规模又决定了各种辅助设施和行政生活场所的大小。各区域的比例必须与仓库的基本职能相适应,保证物品接收、发运和储存保管场所尽可能占最大的比例,提高仓库的利用率。

(二)影响仓库整体布局的主要因素

影响仓库整体布局的因素主要包括仓库的专业化程度、仓库的规模和功能。

1. 仓库的专业化程度

仓库的专业化程度主要与库存物品的种类有关。库存物品种类越多,仓库的专业化程度越低,仓库平面布局的难度越大;反之,仓库平面布局的难度越小。储存的不同种类货物的理化性质不同,所要求的储存保管保养方法及装卸搬运方法也有所不同。因此,在进行平面布置时,必须考虑库存物品属性和作业要求。

2. 仓库的规模和功能

仓库的规模越大、功能越多,所需要的设施设备就越多,设施设备之间的配套衔接就成了平面布局中的重要问题,也就增加了布局的难度;反之,布局较简单。

(三)仓库整体布局的基本原则

在进行仓库布局时应遵循四项基本原则。

1. 便于储存保管

仓库的基本功能是对库存物品进行储存保管。总体布局要为保管创造良好的环境,提供适宜的条件。

2. 利于作业优化

仓库平面布局要适应仓储作业过程的要求,以利于仓储作业的顺利进行。仓库平面布局时应注意,物品流向应该是单一的流向。仓库内货物的卸车、验收和存放点之间的安排要适应仓储生产需要,按一个方向流动。仓库布局时要尽量提高作业的连续性,实现一次性作业,减少装卸次数,缩短搬运距离。根据作业方式、仓储物品种、地理条件等,合理安排库房与主干道的相对位置,尽量减少迂回运输。同时还要注意各作业场所和科室之间的业务联系和信息传递。

3. 保证仓库安全与职工健康

仓库安全是一个重要问题,其中包括防火、防洪、防盗、防爆等。仓库整体布局必须符合安全、消防等部门规定的要求。作业环境的安全卫生标准要符合国家的有关规定,要利于职工的身体健康。

4. 节省建设投资

仓库中的延伸性设施——供电、供水、排水、供暖、通信等设施对基建投资和运行费用的影响都很大,所以应该尽可能集中布置。

二、仓库货区布局

仓库货区布局的目的一方面是提高仓库平面和空间利用率,另一方面是提高物品保管质量,方便进出库作业,从而降低物品的仓储处置成本。

(一)仓库货区布局的基本思路

(1)根据物品特性分区分类储存,将特性相近的物品集中存放。
(2)将单位体积大、单位质量大的物品存放在货架底层,并且靠近出库区和通道。
(3)将周转率高的物品存放在进出库装卸搬运最便捷的位置。
(4)将同一供应商或者同一客户的物品集中存放,便于进行分拣配货作业。

(二)仓库货区布局的形式

仓库货区布局分为平面布局和空间布局。

1. 平面布局

平面布局是指对货区内的货垛、通道、垛间距、收发货区等进行合理规划,并正确处理它们的相对位置。平面布局的形式可以概括为垂直式和倾斜式。

(1)垂直式布局,是指货垛或货架的排列与仓库的侧墙互相垂直或平行,具体包括横列式布局、纵列式布局和纵横式布局。

1)横列式布局,是指货垛或货架的长度方向与仓库的侧墙互相垂直。这种布局的主要优点是主通道长且宽,副通道短,整齐美观,便于存取查点,如果用于库房布局,还有利于通风和采光,如图2-2所示。

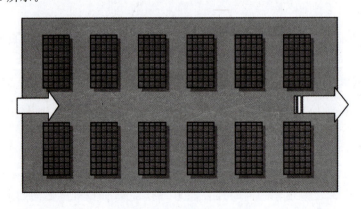

图2-2 仓库横列式布局

2)纵列式布局,是指货垛或货架的长度方向与仓库侧墙平行,如图2-3所示。这种布局的优点主要是可以根据库存物品在库时间的不同和进出频繁程度安排货位:在库时间短、进出频繁的物品放置在主通道两侧;在库时间长、进出不频繁的物品放置在里侧。

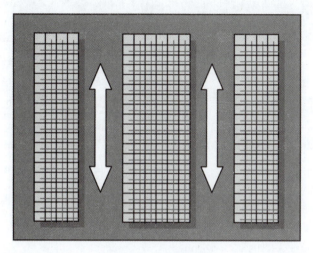

图2-3 纵列式布局

3)纵横式布局,是指在同一保管场所内,横列式布局和纵列式布局兼而有之,可以综合利用两种布局的优点,如图2-4所示。

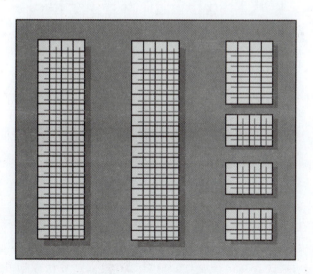

图2-4 纵横式布局

(2)倾斜式布局,是指货垛或货架与仓库侧墙或主通道成60°、45°或30°夹角,具体包括货垛倾斜式布局和通道倾斜式布局。

1)货垛倾斜式布局是横列式布局的变形。它是为了便于叉车作业、缩小叉车的回转角度、提高作业效率而采用的布局方式,如图2-5所示。

图 2-5 货垛倾斜式布局

2) 通道倾斜式布局,是指仓库的通道斜穿保管区,把仓库划分为具有不同作业特点的区域,如大量存储和少量存储的保管区等,以便进行综合利用。这种布局形式下,仓库内形式复杂,货位和进出库路径较多,如图 2-6 所示。

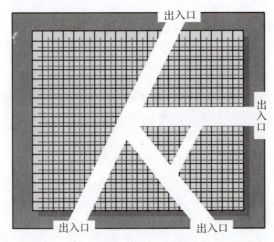

图 2-6 通道倾斜式布局

2. 空间布局

空间布局是指库存物品在仓库立体空间上的布局,其目的在于充分有效地利用仓库高位空间。空间布局的主要形式有利用货架、高层货架存放、高层立体库架、空中悬挂等。其中使用货架存放物品有很多优点,概括起来有以下几点:

(1) 便于充分利用仓库空间,提高库容利用率,扩大存储能力。

(2) 有利于保证物品本身及其包装完整无损。

(3) 可实现随时存取,便于做到先进先出。

(4) 利于物品防潮、防尘,某些专用货架还能起到防损伤、防盗、防破坏的作用。

任务三 仓库储位的划分与编码

现代仓储管理与传统仓储管理相比,更加注重仓储的时效性,是一种动态管理,重视物品在拣货和出库时的数量与位置变化,从而配合其他仓储作业。储位管理有利于将物品在仓库中的数量、位置、去向及其变化准确记录,能够使仓库管理者即时准确地对在库物品进行管理。

一、储位管理的原则

1. 储位标识明确

先将储存区域详细划分,并加以编号,让每一种预备存储的商品都有位置可以存放。此位置必须非常明确,且匹配好储位编码。诸如走道、楼上、角落或某商品旁等边界含糊不清的位置是无法准确标识商品位置的。仓库的过道不能当成储位来使用,虽然短时间会得到一些方便,但会影响商品的进出,违背了储位管理的基本原则。

2. 商品定位有效

依据商品保管方式的不同,应该为每种商品确定合适的储存单位、储存策略、分配规则,把货品有效地配置在先前所规划的储位上。例如,冷藏的商品就应该放置在冷藏库,流通速度快的商品就应该放置在靠近出口处,香皂就不应该和食品放在一起等。

3. 变动更新及时

商品被有效配置在规划好的储位上之后,接下来的工作就是储位的维护。不论商品是因拣货取出,或是被淘汰,或受其他作业的影响,只要商品的位置或数量发生了改变,都必须及时把变动情形加以记录,以使记录与实物数量完全吻合,方便进行管理。

二、储位管理的对象

储位管理的对象可以分为保管商品和非保管商品两部分。

1. 保管商品

保管商品是指在仓库的储存区域中的保管商品,由于它对作业、储放搬运、拣货等方面有特殊要求,所以在保管时会有多种保管形态出现,如托盘、箱、散货或其他方式。这些方式虽然在保管上有很大差异,但都必须用储位管理的方式加以管理。

2. 非保管商品

(1) 包装材料,就是一些标签、包装纸等包装材料。现在商业企业促销、特卖及送赠品等活动的增加,使得仓库的贴标、重新包装、组合包装等流通加工比例增加。因为包装材料的需求越来越大,所以必须对这些材料加以管理,否则管理不善、材料欠缺情况的发生会影响整个作业的进行。

(2) 辅助材料,就是一些托盘、箱、容器等搬运器具。目前流通器具的标准化使得仓库对这些辅助材料的需求越来越大,依赖程度也越来越高,为了不影响商品的搬运,就必须对这些辅助材料进行管理,制订专门的管理办法。

(3) 回收材料,就是经补货或拣货作业拆箱后剩下的空箱。虽然这些空箱都可回收利用,但是这些纸箱形状不同、大小不一,若不加以保管,很容易造成混乱,从而影响其他作业。因此,必须划分一些特定储位对这些回收材料进行管理。

三、储位管理的要素

储位管理的要素有储位空间、商品、人员,以及储放、搬运设备与资金等。

1.储位空间

仓库从功能上可分为仓储型仓库和流通型仓库。在储位空间的分配上,对于仓储型仓库,主要是仓库保管空间的储位分配;而对于流通型仓库,则为便于拣货及补货进行储位分配。在储位分配时,必须先考虑空间大小、柱子排列、梁下高度、过道、设备作业半径等基本因素,再结合其他因素,才能合理安排储存商品。

2.商品

管理放在储位上的商品,要考虑商品本身的影响因素。这些因素主要有以下几个:

(1) 供应商。考虑商品的供货渠道,是自己生产的还是购入的,有没有行业特点。

(2) 商品特性。主要是商品的体积、重量、单位、包装、周转率、季节性的分布及自然属性、温湿度的要求,气味的影响等。

(3) 数量的影响,如生产量、进货量、库存量、安全库存量等。

(4) 进货要求,如采购前置时间、采购作业特殊要求等。

(5) 种类,指商品的种类、规格等。

了解以上因素后再决定商品如何放置,此时应该考虑存储单位(单个、箱、托盘)、储位策略(定位存储、随机存储、分类存储、分类随机存储,或其他的分级、分区存储)、储位分配原则、商品特性、补货的方便性、单位在库时间、订购频率等。商品放好后,就要进行有效的在库管理,随时掌握库存状况,了解其种类、数量、位置、入出库状况等所有信息。

3.人员

人员包括仓管人员、拣货人员、补货人员、搬运人员等。仓管人员负责管理及盘点作业,拣货人员负责拣货作业,补货人员负责补货作业,搬运人员负责入库作业、出库作业、翻堆作业(主要是为了实现商品先进先出、通风、避免气味混合等目的)。人员在存取搬运商品时,讲求的是省时、高效。在照顾员工的条件下,讲求的是省力。因此要达成存取效率高、省时、省力,则作业流程方面要合理化;而储位配置及标示要简单、清楚、一目了然,且要好放、好拿、好找;表单要简单、标准化。

4.储放、搬运设备与资金

相比较储位空间、商品和人员来说,储放、搬运设备与资金是关联要素。在选择储放、搬运设备时,要考虑商品特性、商品的单位、容器、托盘等因素,以及人员作业时的流程、储位空间的分配等,还要考虑设备成本与人员操作的方便性。各储位应统一编码,编码规则必须明了易懂、好操作。最后是资金要有预算,如果超出预算,要看是否能够产生相应效益。

四、储位管理的范围

在仓库的所有作业中,所用到的保管区域均是储位管理的范围。根据作业方式不同,储位管理的范围分为预备储区、保管储区、动管储区以及移动储区。

1. 预备储区

预备储区是商品进出仓库时的暂存区。在预备储区，不但要对商品进行必要的保管，还要将商品打上标识，再根据要求归类，摆放整齐。

2. 保管储区

保管储区是仓库中主要的保管区域，商品在此区域以比较大的存储单位进行保管，是整个仓库的管理重点。为了最大限度地增大储存容量，要考虑合理运用储存空间，提高使用效率。为了对商品的摆放方式、位置及存量进行有效控制，应考虑储位的分配方式、储存策略等是否合适，并选择合适的储放、搬运设备，以提高作业效率。

3. 动管储区

动管储区是在拣货作业时所使用的区域。此区域的商品大多在短时期即将被拣取出货，商品在储位上的流动频率很高，所以称为动管储区。由于这个区域的功能是提供拣货的需求，为了缩短拣货时间及距离、降低拣错率，就必须在拣取时能方便迅速地找到商品所在位置，因此对于储存的标示与位置指示就非常重要。而要使拣货顺利进行并降低拣错率，就必须依赖拣货设备，如计算机辅助拣货系统、自动拣货系统等。

动管储区的主要任务是对储区货物的整理、整顿和对拣货单的处理。在仓库中进行整理、整顿工作，要缩短寻找商品的时间，并缩短行走的距离，从而提高作业效率。因为一般仓库的拣货作业，真正在拣取时所花费的时间很短，但花费在寻找商品、行走的时间特别多，若能有效运用整理、整顿，并将货架与商品编号、商品名称简明地标示出来，再利用灯光、颜色进行区分，不但可以提高拣货效率，同时也可以降低拣错率。

4. 移动储区

移动储区是指在配送作业时，配送车上的商品放置的区域。由于商品存放在移动中的车上，因此称为移动储区。假如能预先在车上安排一回转空间，就不需把第一家、第二家商品搬下车。只要直接在车上移动第一、二、三家的商品摆放顺序，就可轻易取得第三家的配送商品。另外商品未送达给客户签收时都还算是物流中心的存货，移动储区的存货也应当与账目库存相符。

五、储位划分

为了对商品进行有效的科学管理，必须根据仓库、存储商品的具体情况，实行仓库分区、商品分类和定位保管。仓库分区就是根据库房、货场条件将仓库分为若干区域；商品分类就是根据商品的不同属性将存储商品划分为若干大类；定位保管就是在分区、分类的基础上固定每种商品在仓库中具体存放的位置。商业仓库经常要储存成千上万种商品，实行仓库分区、商品分类和定位保管，使每种商品有固定的货区、库房或货场、货位存放，不但有利于对商品的科学保管和养护，而且有利于加快商品出入库作业的速度，减少差错。

(一)商品分类分区

商品分类分区是根据商品的类别、性能和特点，结合仓库的建筑结构情况、容量、装卸设备等条件，确定各储存区域存放商品的种类、数量，确定各库房和货场的分类存储方案。

1. 商品分类分区的含义

商品分类分区就是对储存商品在"四一致"(商品性能一致、养护措施一致、作业手段一致、消防方法一致)的前提下,把商品储存区划分为若干个保管区域,根据商品大类和性能等将商品划分为若干类别,以便于分类,集中保管,如钢材区、建材区、化工区等。

2.商品分类分区的作用

把商品储存区划分为若干个保管区域,同一种类的商品集中存放于相对固定的货区保管,有利于收发货与保管业务的进行。

(1)可以缩短商品收、发作业时间。

(2)可以合理使用仓容。

(3)可以使保管员掌握商品进、出库活动规律,熟悉商品性能,提高保管技术水平。

(4)可以合理配置和使用机械设备,提高机械化操作程度。

3.商品分类分区的原则

(1) 存放在同一货区的商品必须具有互容性。也就是说,性质互有影响和相互抵触的商品不能同库保存。

(2) 保管条件不同的商品不应混存。当商品保管要求的温度、湿度等条件不同时,不宜把它们存放在一起。

(3) 作业手段不同的商品不能混存。当存放在同场所中的商品体积和重量相差悬殊时,将严重影响该货区所配置设备的利用率,同时还增加了作业组合的复杂性和作业难度,增大了作业风险。

(4) 灭火措施不同的商品不应混存,否则将增加火灾控制和补救的难度和危险性。

4.商品分类分区的方法

(1) 按货物的种类和性质分,即按货物的自然属性归类,并集中存放在适当场所,这是大多数仓库采用的方法,具体有以下两种做法:

一是按商品属性分类储存。把性能互不影响、互不抵触的商品,在同一库房内划定在同一货区里集中储存。但是,为了便于管理,有的也应以不同的品种、包装、进货对象,在大货区中划分若干个小货区集中储存。以钢材区为例,可以按板材、管材、型材等不同品种划区储存。

二是单一货物专仓专储。主要是按照储存货物的性能来分类,并以一个库房专储存一类商品,如煤场、机电设备库、化工轻工原料库等。此外,对于贵重商品,既要专储,又要指定专人保管。

(2) 按不同的货主分类。当货主数量较少、货物较多时,为便于与货主衔接工作,防止货物混淆,便于货物存取,往往采取这种方式。

(3) 按货物的流向分类。这种方式多适用于短期中转存储的商品,例如在各种交通场站码头一般可采用这种方法。具体方法是:商品按交通工具分为公路、铁路、水路,再按到达站、港的线路划分。这种分类方法虽然不分商品种类,但对危险品、性能互相抵触及运价不同的商品,仍应分别存放。

(4) 按货物危险性质分区分类。这种方法主要适用于对化学品、危险品的存放。这里应注意不同性质的危险品之间相互引发危险的可能。

(二)商品储位的确定

在进行储区规划时应充分考虑商品的特性、轻重、形状及周转率等,根据一定的分配原则确定商品的储位。

1. 选择储位的原则

储位的选择是在商品分区分类的基础上进行的,储位的选择应遵循确保商品安全、方便吞吐发运、尽量节约仓容的原则。

(1) 确保商品安全的原则。为确保商品质量安全,在选择储位时,应注意以下几个方面的问题:怕潮、易锈、易锈的商品,应选择干燥或密封的货位;怕光、怕热、易溶的商品,应选择低温的货位;怕冻的商品,应选择不低于0℃的货位;易燃、易爆、有毒、腐蚀性、放射性的危险品,应存放在郊区仓库分类专储;性能相互抵触或有挥发性、串味的商品,不能同区储存;消防灭火方法不同的商品,要分开储存;同一货区的商品中,存放外包装含水量过高的商品会影响邻垛商品的安全;同一货区的商品中,要考虑有无虫害感染的可能。

(2) 方便吞吐发运的原则。货位的选择应方便商品的进出库,尽可能缩短收发货作业时间。除此之外,还应该兼顾以下几个方面:

1) 收发货的方式。采取送货制的商品,由于分唛理货、按车排货、发货的作业需要,其储存货位应靠近理货、装车的场地;采取提货制的商品,其储存货位应靠近仓库出口,便于外来提货的车辆进出。

2) 操作方法和装卸设备。各种商品具有不同的包装形态、包装质地和体积重量,因而需要采用不同的操作方法和设备。因此,货位的选择必须考虑货区的装卸设备条件与仓储商品的操作方法相适应。

3) 仓储商品流转的快慢。快进快出的商品,要选择有利于车辆进出库方便的货位;滞销久储的商品,货位不宜靠近库门;整进零出的商品,要考虑零星提货的条件;零进整出的商品,要考虑到集中发运的能力。

(3) 尽量节约仓容的原则。货位的选择要符合节约的原则,以最小的仓容储存最大限量的商品。在货位负荷量和高度基本固定的情况下,应从储存商品的体积、重量出发,使货位与商品的重量、体积紧密结合起来。对于轻泡商品,应安排在负荷量小、空间高的货位;对于实重商品,应安排在负荷量大且空间低的货位。

除此之外,在储位的选择和具体使用时,还可以根据仓储商品具有吞吐快慢不一的规律,针对操作难易不同的特点,把热销和久储、操作困难和省力的商品,搭配在同一货区储存,这样不仅能充分发挥仓容使用的效能,还能消除各个储存区域之间忙闲不均的现象。

2. 确定储位的方法

(1) 根据商品周转率确定储位。计算商品的周转率,将库存商品周转率进行排序,然后将排序结果分段或分列。将周转率大、出入库频繁的商品储存在接近出入口或专用线的位置,以加快作业速度和缩短搬运距离。将周转率小的商品存放在远离出入口处,在同一段或同列内的商品则可以按照定位或分类储存法存放。

(2) 根据商品相关性确定储位。有些库存的商品具有很强的相关性,相关性大的商品通常被同时采购或同时出仓,这类商品应尽可能规划在同一储区或相近储区,以缩短搬运路径和拣货时间。

(3) 根据商品特性确定储位。为了避免商品在储存过程中相互影响,性质相同或保管条件相近的商品应集中存放,并相应安排在条件适宜的库房或货场。即将同一种货物存放在同一保管位置,产品性能类似或互补的商品放在相邻位置;将相容性低,特别是互相影响其质量的商品分开存放。这样既能提高作业效率,又能防止商品在保管期间遭受损失。

对有些特殊商品,在进行储区规划时还应特别注意以下 4 点:①易燃物品必须存放在高度防护的独立空间内,且必须安装适当的防火设备;②易腐物品需储存在冷冻、冷藏或其他特殊的设备内;③易污损物品需与其他物品隔离;④易窃物品必须隔离封闭管理。

(4)根据商品体积、重量特性确定储位。在仓库布局时,须同时考虑商品体积、形状、重量单位的大小,以确定商品所需堆码的空间。通常,重且大的物品保管在地面上或货架上的下层位置。为了适应货架的安全并方便人工搬运,人的腰部以下高度的货架通常宜储放重物或大型商品。

(5)根据商品先进先出的原则确定储位。先进先出指先入库的商品先安排出库,这一原则对于寿命周期短的商品尤其重要,如食品、化学品等。

除上述原则外,为了提高储存空间的利用率,还必须合理利用合适的层架、托盘等工具,使商品储存向空间发展。储存时尽量使货物标签面对通道,以方便作业人员识别标号、名称,提高货物的活性化程度。保管商品的位置必须明确标示,易于识别、联想和记忆。另外,在规划储位时应注意保留一定的机动储位,以便当商品大量入库时可以调剂储位的使用,避免打乱正常储位安排。

3.选择储位的建议

(1)依照货品特性来储存。为了避免商品在储存过程中相互影响,性质相同或所要求保管条件相近的商品应集中存放,并相应安排在条件适宜的库房或货场。

(2)大批量使用大储区,小批量使用小储区。

(3)能安全有效地储于高位的物品使用高储区,服务设施应选在低层楼区。

(4)储存笨重、体积大的货品用较坚固的层架底层及接近出货区,储存轻量货品用有限的载重层架。

(5)滞销的货品或小、轻及容易处理的货品使用较远储区。

(6)周转率低的物品尽量远离进货区、出货区及仓库较低的区域;周转率高的物品尽量放于接近出货区及较低的区域。

六、储位编码

在根据一定的规则完成储位划分以后,就应该对储位进行编码。储位编码就是对库房、货场、货棚、货垛、货架及物品的具体存放位置按顺序,采用统一标记编上顺序号码,做出明显标志。

(一)储位编码的作用

科学合理的储位编码在整个仓储管理中具有重要的作用。在商品收发作业过程中,按照储位编码可以迅速、准确、方便地进行查找,有利于提高物品收、发效率,减少串号和错发现象,便于仓管员之间的合作互助;在商品保管过程中,根据储位编码可以对库存商品进行科学合理的养护,有利于对商品采取相应的保管措施;实行储位编码,也有利于仓储物品的检查监督和盘存统计。

(二)储位编码的要求

储位编码就好比货物在仓库的"住址",做好储位编码工作,应该从库房条件、货物类别和批量、整零的情况出发,做好货位画线及编号秩序,以符合"标志明显、易找,编排循规、有序"的要求。

1. 标志设置

标志设置要因地制宜,采取适当方法,选择适当位置。例如,仓库标志,可在库门外挂牌;库房标志,可写在库门上;货物货位标志,可整立标牌;多层建筑库房的走道、支道、段位的标志,一般都刷置在水泥或木板地坪上,但存放粉末类、大件笨重类货物的库房,其标志也有印置在天花板上的;泥土地坪的简易货棚内的货位标志,可利用柱、墙、顶、梁刷置或悬挂标牌。

2. 标志制作

货位的标示要有规律,序号应连续,不能出现断号或跳号的情况。另外,制作库房和走道、支道的标志,可在阿拉伯字码外,再辅以圆圈。可用不同直径的圆表示不同处的标志。例如,内房标志圆的直径为 26 cm;走道、支道标志圆的直径为 13 cm,走道、支道标志还可在圆圈上附加箭头指示标志,在圆圈上可用白漆刷上阿拉伯字码。

3. 编号顺序

仓库范围的房、棚、场以及库房内的走道、支道、段位的编号,基本上都以进门的方向左单右双或自左而右的规则进行。

4. 段位间隔

段位间隔的宽窄,取决于储存货物批量的大小。

(三)储位编码的方法

储位编码应按一定的规则和方法进行。首先确定编号的先后顺序规则,规定好库区编排方向及顺序排列。其次是采用统一的方法进行编排,要求在编排过程中所用的代号、连接符号必须一致,每种代号的先后顺序必须固定,每一个代号必须代表特定的位置。

1. 储位编码的基本思路

储位编码的基本思路:仓库编号→铺存区编号→货位排(列)编号→货位架编号→货位层编号→货位格编号。货位编号最常用的方法是"四号定位"法。

"四号定位"法是以一个货位号做一组数字,最多只用 4 个号码即可定位,将库房号、货架号、层数、货位格统一编号,个位数指物品具体位置顺序编号,十位数指货区排次或货架层次编号,百位数指货区或货架编号,千位数指库房或货场编号。如某货物的货位编号为"11—13—2—1",意为此货物的储位在 11 号库、13 号货架、第 2 层、第 1 号货位。

2. 各货位编号的确定

(1)库房编号。对库房、货棚、货场齐备的仓库,在编号时,对房、棚、场应有明确区别。例如可加注"棚"或"场"等字样。库房的编号一般写在库房的外墙上或库门上,字体要统一、端正,色彩鲜艳、清晰醒目,易于辨认。货场的编号一般写在场地上,书写的材料要耐摩擦、耐雨淋、耐日晒。货棚编号书写的地方,则可根据具体而定,应让人一目了然。

对于多层库房的编号,常采用"三号定位"法。"三号定位"是用三个数字号码表示库房编号,个位数指仓间编号,十位数指楼层编号,百位数指仓库的编号。例如,编号为"1—3—2",就是指 1 号库、3 层楼、2 号仓间。

(2)货场货位编号。货场货位编号一般可以按两种方式编号:按照货位的排列,编成排号,再在排号内按顺序编号;不编排号,采取自左至右和自前至后的方法,按顺序编号。

(3)货架货位编号。在以整个货物进出的仓库里,货架的作用主要是提高库房高度利用率,货架的货位编号一般都从属列(排段位编号,只需在段号末尾加注一个架号即可按位找货)。

(4)库房走道、支道及段位编号。编号方法以进入库门的方向,左单右双的顺序排列。库房中,如遇内外墙相对的走道支道,其横道应取自左至右的方向,再按左单右双的顺序编号。

此外,为了方便管理,储位编号和储位规划可以绘制成平面布置图,这样不但可以全面反映库房和货场的商品储存分布情况,而且可以及时掌握商品储存动态,便于仓库结合实际情况调整安排。

项 目 小 结

本项目主要介绍仓库选址的原则及方法,选址合理与否直接影响仓储的绩效,把握仓库选址的原则与方法,选择合理的仓库地址很重要。本项目还介绍了仓库整体布局的基本原则及其影响因素,仓库储位的划分与编码。仓库整体布局要有规划性与合理性,要有效使用仓储面积,尽可能提高储存的库容量,减少不必要的浪费和不合理的布置。

▶ 案例思考

德国物流中心的建设

一、物流中心的规划

不莱梅物流中心的建设是由德国海运和物流研究所的一位教授提出的,并获得了不莱梅州政府的同意,于1985年开始了物流中心的建设。不莱梅州政府通过直接投资和土地置换的方式对物流中心投资。物流中心的原址是一片盐碱地,州政府从当地农、牧民手中以每平方米6～8马克的价格征用土地200公顷,由"经济促进公司"负责物流中心的建设工作。

经济促进公司由不莱梅州政府的经济部、交通部、海关、工商部等部门的人员组成,是私营的事业单位,进入经济促进公司的人失去了公务员的身份。经济促进公司主要负责物流中心的三通一平和与物流中心相连的公路、铁路的基础设施的建设工作,还代表州政府负责物流中心的招商工作。

经济促进公司通过招商让企业进入物流中心,进入物流中心的企业承担地面以上的建筑设施的建设。经过三通一平的土地变卖或租用给进入物流中心的企业。第一阶段,每平方米土地卖30马克(租用30年后再签协议);第二阶段,只卖不租,每平方米土地卖50马克;第三阶段,每平方米土地卖70马克。现有的200公顷土地全部卖出或租用。利用土地的置换及卖土地的差价和政府的税收,不莱梅州政府投资5亿马克,进入物流中心的企业投资5亿马克,第一期共投资10亿马克。政府从租用的土地的租金和装卸费中收回投资,如集装箱装卸费30马克/TEU,政府收走5马克/TEU,收回的资金又再投入到物流中心的其他基础设施建设中。

二、物流中心的布局

物流中心的选址非常重要,德国政府对物流中心的选址和功能提出要求,一是要求物流中心紧临港口,靠近铁路编组站,周围有高速公路网,中心内至少有两种以上运输方式相连;二是该区域内有许多大型的工商企业,工商企业是物流中心生存的基础;三是附近有从事运输、仓储的物流企业,特别是国际上著名的大型物流企业;四是有银行、保险等机构或企业;五是物流中心要远离闹市区,面积至少在100公顷,周围要有发展空间,为工商企业发展留有余地。

物流中心的功能主要是为区域的工业、贸易企业提供物流服务,同时要成为当地的货物枢纽、集散地。通过其良好的集散条件,积极吸引物资到该区域,形成物资的交易中心,促进当地的经济发展。例如不莱梅州是欧洲的棉花交易中心,物流中心则有多家从事棉花业务的物流企业;不莱梅外港是奔驰汽车在德国北部的销售集散中心,港口有成片的汽车停放地,物流中心有多家负责奔驰汽车零部件流通的物流企业。

不莱梅物流中心临近不莱梅内港及内河港口,距港口约20多千米,靠近不莱梅铁路编组站,中心内有公铁联运装卸站,周围高速公路网发达,紧邻联邦27号高速公路,距不莱梅市5 km,交通十分便利。流经不莱梅市的威悉河两岸有242家物流企业。不莱梅新港至不莱梅市沿途有1 400家运输、仓储和物流企业,其中从事航运的占3%,港口运输的占10%,公路运输的占45%,铁路运输的占1%,物流企业占38%。物流中心由不莱梅运输和物流研究所负责设计,自1985年开始建设,设计要求建成后8年内年吞吐量达到1 000~1 200万吨。物流中心分为5个区域,用不同的颜色进行标记,如公铁联运装卸站,占地20公顷,有9条铁路线,每条长750 m,中心内铁路线长约8 km。

请分析:
1. 德国政府对物流中心的选址有哪些要求,不莱梅物流中心的选址做到了哪些?
2. 你认为我国物流中心的建设发展思路应当是什么?

【课后习题】

一、单选题

1. 在综合仓库选址时,应考虑的交通便利因素有(　　)。
   A. 内河运输与海运的交汇地
   B. 两种以上运输方式的交汇地
   C. 干线铁路与铁路专用线的交汇地
   D. 干线公路与城市交通网络的交汇地

2. 在仓库的选址需考虑的因素中,城市的扩张和发展属于(　　)。
   A. 经济因素　　　　B. 自然因素　　　　C. 政策因素　　　　D. 人文因素

3. 为主要业务提供服务,例如提供设备维修、充电、加工、制造等服务的区域属于(　　)。
   A. 仓储作业区　　　B. 辅助作业区　　　C. 拣货作业区　　　D. 绿化区

4. 单一仓库选址的重心法考虑的因素是(　　)。
   A. 运输费率　　　　B. 该点的货运量　　C. A和B　　　　　 D. A或B

5. 根据重心法,求出的仓库的地址应该是仓库至顾客间(　　)。
   A. 运输成本最小的地点　　　　　　　B. 运输时间最短的地点
   C. 运输量最小的地点　　　　　　　　D. 运输强度最大的地点

二、多项选择题

1. 仓库选址需考虑的经济因素有（　　）。
   A. 货流量的大小　　　　B. 地理因素　　　　C. 气候因素
   D. 货物的流向　　　　　E. 交通的便利性
2. 仓库储运生产区布局应考虑的因素有（　　）。
   A. 仓库特性　　　　　　B. 商品吞吐量　　　C. 气候因素
   D. 库内道路　　　　　　E. 仓库作业流程
3. 储位管理的原则有（　　）。
   A. 空间的最大化使用　　B. 明确标识储位　　C. 货品的良好保护
   D. 有效安置货品　　　　E. 实时跟踪记录

三、简答题

1. 影响仓库选址的因素有哪些？
2. 在进行仓库总平面布置时应该满足哪些要求？
3. 储位管理的目标和原则是什么？

四、计算题

某公司拟在某城市建设一座化工厂，该厂每年要从 P、Q、R、S 四个原料供应地运来不同原料。已知各地距城市中心的距离和年运量见表 2-3，假定各种材料运输费率相同，试用重心法确定该化工厂的合理位置。

表 2-3　原料供应地坐标及年运输量表

供应地	P	Q	R	S
供应地坐标	(50,60)	(60,70)	(19,25)	(59,45)
年运输量/t	2 200	1 900	1 700	900

项目三　仓储作业设备

知识目标：

1. 能认识仓储生产设备和系统配置的重要作用。
2. 能阐述传统货架和现代货架的区别与联系。
3. 能概括自动分拣设备与计量设备的主要特点与适用条件。

技能目标：

1. 会根据库存货物的外形、重量和长度等特征有针对性地配置货架。
2. 会依据仓储活动的无缝对接选择装卸搬运设备、自动分拣设备与计量设备。

▶ **案例导入**

某生物制药企业的仓库占地面积 1 700 多平方米，仓储区由 6 排货架组成，共有 3 000 多个货位，每个货位最大承重可以达到 550 kg。这个仓库充分利用了垂直空间，虽然占地面积很小，但是垂直高度很大，并且当中的温度、湿度、光照和通风系统全部由计算机控制，能够根据实际情况和设定值自动调节到合适的状态。这个自动化立体仓库案例当中，货物的存取全部由计算机控制的堆垛机、叉车、小车等设备完成，全程不需要人工进行搬运，并且能够自动识别，快速方便。另外，该案例中，仓库能够自动检测货物的状态，包括有效期、位置、编码等，可以随时通过计算机查询到每一件货物的具体情况。

任务一　仓储设备概述

一、仓储设备的含义、特点

（一）仓储设备的含义

仓储设备是指能够满足储藏和保管物品需要的技术装置和机具，其并非仅指以房屋、有锁之门等外在表征的设备，具体可分为装卸搬运设备、保管设备、计量设备、养护检验设备、通风照明设备、消防安全设备、劳动防护设备以及其他用途设备和工具等。

（二）仓储设备的特点

仓储设备是反映仓储与物流技术水平的主要标志，现代仓储设备体现了现代仓储与物流

技术的发展。中国的仓储设备现代化、自动化程度较高,其特点主要表现在:

(1)设备的社会化程度越来越高,设备结构越来越复杂,并且从研究、设计到生产直至报废的各环节之间相互依赖、相互制约。

(2)设备出现了"四化"趋势,即连续化、大型化、高速化、电子化,有效提高了生产效率。

(3)能源密集型设备居多,能源消耗大;同时现代设备的投资和使用费用十分昂贵,是资金密集型的,因而提高管理的经济效益对物流企业来说非常重要。

二、仓储设备的分类

仓储工作中所使用的设备按其用途和特征可以分成装卸搬运设备、保管设备、计量设备、养护检验设备、通风照明设备、消防安全设备、劳动防护设备以及其他用途设备和工具等。在具体管理中,应根据仓库规模的大小对仓储设备进行恰当的分类。

(一)装卸搬运设备

装卸搬运设备用于商品的出入库、库内堆码以及翻垛作业。这类设备对改进仓储管理,减轻劳动强度,提高收发货效率具有重要作用。

当前,我国仓库中所使用的装卸搬运设备通常可以分成三类:

(1)装卸堆垛设备,包括桥式起重机、轮胎式起重机、门式起重机、叉车、堆垛机、滑车、跳板以及滑板等。

(2)搬运传送设备,包括电瓶搬运车、皮带输送机、电梯以及手推车等。

(3)成组搬运工具,包括托盘、网络等。

(二)保管设备

保管设备是用于保护仓储商品质量的设备,主要可归纳为以下几种:

1. 苫垫用品

苫垫用品起遮挡雨水和隔潮、通风等作用,包括苫布(油布、塑料布等)、苫席、枕木、石条等。苫布、苫席用在露天堆场。

2. 存货用具

存货用具包括各种类型的货架、货橱。

货架,即存放货物的敞开式格架。根据仓库内的布置方式不同,货架可采用组合式或整体焊接式两种。整体式的制造成本较高,不便于货架的组合变化,因此较少采用。货架在批发、零售量大的仓库,特别是立体仓库中起很大的作用。它既便于货物进出,又能提高仓库容积利用率。

货橱,即存放货物的封闭式格架,主要用于存放比较贵重的或需要特别养护的商品。

(三)计量设备

计量设备用于商品进出时的计量、点数,以及货存期间的盘点、检查等。如地磅、轨道秤、电子秤、电子计数器、流量仪、皮带秤、天平仪以及较原始的磅秤、卷尺等。随着仓储管理现代化水平的提高,现代化的自动计量设备将会得到更多的应用。

(四)养护检验设备

养护检验设备是指商品进入仓库验收和在库内保管测试、化验以及防止商品变质、失效的机具、仪器。如温度仪、测潮仪、吸潮器、烘干箱、风幕(设在库门处,以隔内外温差)、空气调节器、商品质量化验仪器等。在规模较大的仓库,这类设备使用较多。

(五)通风照明设备

通风照明设备是根据商品保管和仓储作业的需要而设置的。

(六)消防安全设备

消防安全设备是仓库必不可少的设备。它包括报警器、消防车、手动抽水器、水枪、消防水源、砂土箱、消防云梯等。

(七)劳动防护设备

劳动保护设备主要用于确保仓库职工在作业中的人身安全。

(八)其他用途设备和工具

除上述七项外的其他仓储设备。

三、仓储设备的作用与选择

(一)仓储设备的作用

仓储设备是构成仓储系统的重要组成因素,担负着仓储作业的各项任务,影响着仓储活动的每一个环节,在仓储活动中处于十分重要的地位。离开仓储设备,仓储系统就无法运行或服务水平及运行效率就可能极其低下。

1. 仓储设备是提高仓储系统效率的主要手段

一个完善的仓储系统离不开现代仓储设备的应用。许多新的仓储设备的研制开发,为现代仓储的发展做出了积极的贡献。实践证明,先进的仓储设备和先进的仓储管理手段是提高仓储能力,推动现代仓储迅速发展的两个车轮,二者缺一不可。

2. 仓储设备是反映仓储作业整体水平的主要标志

仓储设备与仓储活动密切相关,在整个仓储活动的过程中伴随着存储保管、存期控制、数量管理、质量养护等功能作业环节及其他辅助作业,这些作业的高效完成需要不同的仓储设备。因此仓储设备直接关系到仓储活动各项功能的完善和有效实现,决定着物流系统的技术含量。

3. 仓储设备是构成仓储系统的主要成本因素

现代仓储设备是资金密集型的社会财富。现代仓储设备购置的投资相当可观。为了维持系统的正常运转,发挥设备效能,还需要继续不断投入大量的资金。仓储设备的费用对系统的投入产出分析有着重要的影响。

(二)仓储设备的选择

在选择仓储设备时,要注意以下原则:
(1)严肃性和预见性。
(2)适用性和经济性。
(3)科学性和可行性。

任务二 货 架

一、货架的含义

就字面而言,货架泛指存放货物的架子。在仓库中,货架是专门用于存放成件物品的保管设备,是用支架、隔板或托架组成的立体储存货物的设施(见图3-1)。

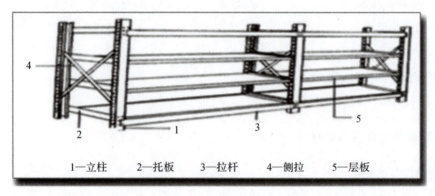

图 3-1 货架结构图

货架在仓库中占有非常重要的地位。随着现代工业的迅猛发展,物流量的大幅度增加,为实现仓库的现代化管理,改善仓库的功能,不仅要求货架数量多,而且还要具有多功能、机械化、自动化的特点。

二、货架的作用及功能

货架是由具有一定强度的材料,按一定的要求建成的用来存放物品的几何建筑体。它在仓库中占有十分重要的地位,对物品的储存和堆码起着重要作用。货架的功能包括以下几点:

(1)用钢材或钢筋混凝土制成的货架,可通过提升货架高度来扩大仓库的储存能力。
(2)货架上的物品相互不接触、不挤压,减少货损。
(3)物品存取方便,结合计算机管理易实现先进先出。
(4)可采用防潮、防尘、防盗等措施来提高物品储存质量。
(5)有利于实现仓储系统的自动化管理。

三、常用的货架类型

货架的种类主要有托盘式货架、橱柜式货架、U形架、悬臂架、棚架、鞍架、轮胎专用架、重力式货架、移动式货架、层架式货架、阁楼式货架、驶入(出)式货架、托盘式货架、自动化立体仓库货架等,这里简要介绍以下几种。

(一)托盘式货架

托盘式货架俗称横梁式货架或货位式货架,通常为重型货架,在国内的各种仓储货架系统中最为常见。

首先进行集装单元化工作,即将货物包装及其重量等特性进行组盘,确定托盘的类型、规格、尺寸,以及单托载重量和堆高(单托货物重量一般在 2 000 kg 以内),然后由此确定单元货架的跨度、深度、层间距,根据仓库屋架下沿的有效高度和叉车的最大叉高决定货架的高度。单元货架跨度一般在 4 m 以内,深度在 1.5 m 以内,低、高位仓库货架高度一般在 12 m 以内,超高位仓库货架高度一般在 30 m 以内(此类仓库基本为自动化仓库,货架总高由若干段12 m以内立柱构成)。此类仓库中,低、高位仓库大多用前移式电瓶叉车、电动平衡重叉车、三向叉车进行存取作业,货架较矮时也可用电动堆高机,超高位仓库用堆垛机进行存取作业。此种货架系统空间利用率高,存取灵活方便,辅以计算机管理或控制,基本能达到现代化物流系统的要求。

托盘式货架专门用于存放堆码在托盘上的物品,其基本形态与层架式货架类似,但承载能力较大,每层空间适于存放整托盘物品,如图 3-2 所示。

图 3-2 托盘式货架

托盘式货架结构简单,可调整组合,安装简易,费用经济。入库不受先后顺序的限制。储物形态为托盘装载物品,配合升降式叉车存取。

(二)倍深式托盘货架

倍深式托盘货架与一般托盘式货架结构基本相同,只是把两排托盘货架结合起来增加储位而已。为此,虽储位密度增加一倍,但是存取性和出入库方便性略差,并且必须采用倍深式叉车。立栏组与横梁均可根据货物承重需要定制。

(三)驶入(出)式货架

驶入(出)式货架一般指贯通式货架,贯通式货架又称通廊式货架或驶入式货架。贯通式货架可供叉车(或带货叉的无人搬运车)驶入通道存取货物,适用于品种少、批量大类型的货物储存。贯通式货架除了靠近通道的货位,由于叉车需要进入货架内部存取货物,通常单面取货建议不超过 7 个货位深度。为提高叉车运行速度,可根据实际需要选择配置导向轨道。与货位式货架相比,贯通式货架的仓库空间利用率可提高30%以上,贯通式货架广泛应用于批发、冷库及食品、烟草行业。

驶入(出)式货架采用钢质结构,货架两边钢柱上有水平凸出的横杆,叉车将托盘送入,由货架两边的悬轨托住托盘及物品,如图3-3所示。

图3-3 驶入(出)式货架

驶入(出)式货架属高密度配置,高度可达10 m,库容利用率高达90%以上,适用于大批量、少品种配送中心使用,但不太适合过长或过重的物品。驶入(出)式货架存取货时受先后顺序的限制。

(四)旋转式货架

旋转式货架是货架的一种,设有电力驱动装置(驱动部分可设于货架上部,也可设于货架底座内)。货架沿着由两条直线段和两条曲线段组成的环形轨道运行。由开关或用小型电子计算机操纵。存取货物时,由控制盘按钮输入货物所在货格编号,该货格则以最近的距离自动旋转至拣货点停止。拣货路线短,拣货效率高。如图3-4所示。

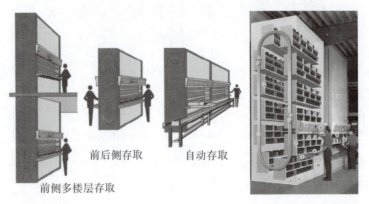

图3-4 旋转式货架

由于货架可以转动,所以拣货线路简捷,拣货效率高,拣货时不容易出现差错。根据旋转方式不同,可分为垂直旋转式、水平旋转式、立体旋转式三种。

(五)轻型货架

轻型货架属于仓储货架中的一种搁板货架。按货架的承载量来说,轻型货架在所有仓储货架中的承载量是较小的,通常货架承载≤150 kg/层(货架载荷绝大多数是以层为单位的承载量计算)。

轻型货架是非常经济、实用、方便的一款仓库货架,由三种构件组成:立柱片、横梁、层板。轻型货架整体采用无螺钉组合式设计,安装拆卸方便快捷,适合存放一些轻质小件货品。此种轻型货架价格相对经济,结构相对万能角钢货架要稳定牢靠,在1 500 cm跨度内,可承载100~200 kg,表面采用喷塑处理,美观整洁,适用于存放轻中型物品、人工存取的场合。如图3-5所示。

图3-5 轻型货架

(六)重力式货架

重力式货架又叫辊道式货架,属于仓储货架中的托盘类存储货架。重力式货架是横梁式货架衍生品之一,货架结构与横梁式货架相似,只是在横梁上安装滚筒式轨道,轨道呈3°~5°倾斜。托盘货物用叉车搬运至货架进货口,利用自重,托盘从进口自动滑行至另一端的取货口。重力式货架采用的是先进先出的存储方式,货架深度及层数可按需而定。重力式货架适用于少品种、大批量同类货物的存储。

轨道与水平面成一定的倾斜角度,低端作为出货端,而高端作为入货端,如图3-6所示。重力式货架通常成密集型配置,能够大规模密集存放物品,减少了通道数量,可有效节约仓库面积;重力式货架能保证先进先出,并且方便拣货,作为分拣式货架普遍应用于配送中心;重力式货架的拣货端与入货端分离,能提高作业效率和作业的安全性;重力式货架还可以根据需要设计成适合托盘、纸箱、单件物品储存的结构和形式。

(七)后推式货架

后推式货架又名压入式货架,是在前后梁间以多层台车重叠相接,从外侧将叠栈货物置于台车推入,后储存之货物会将原先货品推往里面(见图3-7)。后推式货架主要用于叉车存取;适合少品种、大批量之货物,先进后出之作业方式;适合冷冻库等需较大提高空间利用率的情况。

图 3-6 重力式货架

图 3-7 后推式货架

(八)移动式货架

移动式货架将货架本体放置在轨道上,在底部设有行走轮或驱动装置,靠动力或人力驱动使货架沿轨道横向移动。其突出的优点是提高了空间利用率,一组货架只需一条通道,而固定型托盘货架的一条通道,只服务于通道内两侧的两排货架。在相同的空间内,移动式货架的储存能力比一般固定式货架高得多。

移动式货架底部装有滚轮,通过开启控制装置,滚轮可沿轨道滑动,如图 3-8 所示。

项目三　仓储作业设备

图3-8　移动式货架

移动式货架平时密集相接排列，存取物品时通过手动或电力驱动装置使货架沿轨道水平移动，形成通道，可以大幅度减少通道面积，地面使用率可达80%，而且可直接存放每一箱物品，不受先进先出的限制。但相对来说，机电装置较多，建造成本较高，维护也比较困难。

(九) 阁楼式货架

阁楼式货架，通常由中型搁板式货架或重型搁板式货架作为主体支撑加上楼面板（根据货架单元的总负载重量来决定选用何种货架）构成，楼面板通常选用冷轧型钢楼板、花纹钢楼板或钢格栅楼板。

阁楼式货架可以提升货架高度，充分利用仓储高度，更好地利用仓储空间。阁楼式货架楼面铺设货架专用楼板，与花纹钢板或钢格栅相比，具有层载能力强、整体性好、层载均匀、表面平整、易锁定等特点。阁楼式货架充分考虑人性化物流，具有设计美观、结构大方，安装、拆卸方便，可根据实地情况灵活设计。阁楼式货架适合存储多种类型物品。

阁楼式货架是将储存空间做成上、下两层规划，利用钢架和楼板将空间间隔为两层，下层货架结构支撑上层楼板，如图3-9所示。

图3-9　阁楼式货架

阁楼式货架可以有效增加空间利用率，通常上层存放轻量物品，不适合重型搬运设备运行,上层物品搬运需配垂直输送设备。

(十)悬臂式货架

悬臂式货架是货架中重要的一种。悬臂式货架适用于存放长物料、环型物料、板材、管材及不规则货物。悬臂可以是单面或双面的,可以是固定的,也可以是移动的。悬臂式货架具有结构稳定、载重能力好、空间利用率高等特点。悬臂式货架立柱多采用 H 型钢或冷轧型钢,悬臂采用方管、冷轧型钢或 H 型钢,悬臂与立柱间采用插接式或螺栓连接式,底座与立柱间采用螺栓连接式,底座采用冷轧型钢或 H 型钢。

根据承载能力,悬臂式货架可分为轻量型、中量型、重量型三种;根据结构形式,可分为单面悬臂式货架和双面悬臂式货架。管材、板材储存使用较多。

悬臂式货架是在立柱上装设杆臂构成的,悬臂常用金属材料制造,其尺寸一般根据所存放物料的尺寸确定。为防止物品损伤,常在悬臂上加垫木质衬垫或橡胶带以起保护作用,如图 3-10 所示。

图 3-10 悬臂式货架

悬臂式货架为开放式货架,不便于机械化作业,需配合跨距较宽的设备。一般高度在 6 m 以下;空间利用率较低,约 35%～50%。

(十一)自动化立体仓库货架

自动化立体仓库,是物流仓储中出现的新概念。利用立体仓库设备可实现仓库高层合理化、存取自动化、操作简便化;自动化立体仓库是当前技术水平较高的形式。自动化立体仓库的主体由货架、巷道式堆垛起重机、入(出)库工作台和自动运进(出)及操作控制系统组成。货架是钢结构或钢筋混凝土结构的建筑物或结构体,货架内是标准尺寸的货位空间。巷道堆垛起重机穿行于货架之间的巷道中,完成存、取货的工作。管理上采用计算机及条形码技术。自动化立体仓库运用一流的集成化物流理念,采用先进的控制、总线、通信和信息技术,通过以上设备的协调动作进行出入库作业,如图 3-11 所示。

图3-11 自动化立体仓库货架及设备

任务三 集装设备

一、托盘

(一)托盘的概念和作用

1. 托盘的概念

《中华人民共和国国家标准:物流术语(GB/T 18354—2006)》对托盘(pallet)的定义是:用于集装、堆放、搬运和运输的放置作为单元负荷的货物和制品的水平平台装置。作为与集装箱类似的一种集装设备,托盘现已广泛应用于生产、运输、仓储和流通等领域,被认为是20世纪物流产业中两大关键性创新之一。托盘作为物流运作过程中重要的装卸、储存和运输设备,与叉车配套使用在现代物流中发挥着巨大的作用。托盘给现代物流业带来的效益主要是可以实现物品包装的单元化、规范化和标准化,保护物品,方便物流和商流。

2. 托盘的优缺点

(1)托盘的优点。自身重量小;返空容易,装盘容易;装载量适宜,组合量较大;节省包装材料,降低包装成本。

(2)托盘的缺点。托盘除了具有以上所述优点外,也有以下不足:保护产品性能不如集装箱;露天存放困难,需要有仓库等设施;托盘本身的回运需要一定的运力消耗和成本支出。

(二)托盘的种类

1. 平板托盘(又称平托盘)

平托盘几乎是托盘的代名词,只要一提托盘,一般都是指平托盘,因为平托盘使用范围最广,利用数量最大,通用性最好。平托盘又可按三种方式细分。

(1)按台面分类,分成单面型、单面使用型、双面使用型和翼型四种。

(2)按叉车叉入方式分类,分为单向叉入型、双向叉入型、四向叉入型三种。

(3)按材料分类,分为木制托盘、钢制托盘、铝合金托盘、胶合板托盘、塑料托盘、纸板托盘、复合材料托盘等,如图3-12、图3-13、图3-14所示。

图3-12 木制托盘

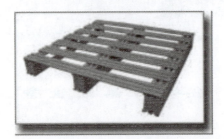

图3-13 铝合金托盘

图3-14 塑料托盘

2. 立柱式托盘

立柱式托盘没侧板,在托盘上部的四个角有固定式或可卸式的立柱,有的柱与柱之间有连接的横梁,使柱子成门框型,如图3-15所示。

图3-15 立柱式托盘

3. 箱式托盘

箱式托盘的基本结构是沿托盘四个边有板式、栅式、网式等栏板和下部平面组成的箱体，有些箱体有顶板。箱体有固定式、折叠式和可拆卸式三种，如图 3-16 所示。

图 3-16　箱式托盘

4. 滑片托盘（简称滑板）

按折翼的个数不同，分为单折翼型滑片、双折翼型滑片、三折翼型滑片和四折翼型滑片，如图 3-17 所示。

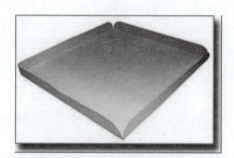

图 3-17　四折翼型滑片图

5. 轮式托盘

轮式托盘是在柱式、箱式托盘下部装有小型轮子。在生产企业物流系统中，轮式托盘可以兼做作业车辆，如图 3-18 所示。

图 3-18　轮式托盘

6.特种专用托盘

例如:航空托盘、平板玻璃托盘、油桶专用托盘、长尺寸物托盘、轮胎托盘等,如图3-19、图3-20、图3-21所示。

图3-19 航空托盘

图3-20 油桶专用托盘

图3-21 轮胎托盘

(三)托盘的标准与规格

美国主流托盘为48 in×40 in(约为1 200 mm×1 000 mm),日本主流托盘为1 100 mm×1 100 mm和1 200 mm×1 000 mm。国际标准化组织规定规格有800 mm×1 000 mm、800 mm×1 200 mm、1 000 mm×1 200 mm三种,此外还有1 200 mm×1 600 mm、1 200 mm×1 800 mm的大型托盘。我国国家标准(GB/T 2934—2007)规定的联运平托盘外部规格系列为1 200 mm×1 000 mm和1 100 mm×1 100 mm。优先推荐1 200 mm×1 000 mm。

二、集装箱

(一)集装箱的含义及特点

集装箱是具有一定强度、刚度和规格专供周转使用的大型装货容器。使用集装箱转运货物,可直接在发货人的仓库装货,运到收货人的仓库卸货,中途更换车、船时,无须将货物从箱内取出换装(见图3-22)。

图3-22 集装箱

集装箱具有以下特点:

(1)集装箱可以提高装运效率:更少的标签和贴纸,无须托盘、吊带和绑带,装卸货物减少了反应器的停工时间。

(2)集装箱具有固定的托盘底座、坚固的结构、良好的密封性,可以进行100%机械装运,减少人员受伤的概率,提供更佳的安全性和储存便利性。

(3)集装箱可以叠放,以减少占地面积;可以放在室外,若靠近装卸设备,则可以减少劳动力,降低成本,减少装卸作业时间。

(4)集装箱没有包装浪费,避免了一次性包装袋或桶造成的环境问题。

(二)集装箱的分类

集装箱种类很多,分类方法多种多样。

1. 按所装货物种类分

按所装货物种类分,有干货集装箱、散货集装箱、液体货集装箱、冷藏集装箱,以及一些特种专用集装箱,如汽车集装箱、牲畜集装箱、兽皮集装箱等。

干货集装箱是最普通的集装箱,主要用于运输一般杂货,适合各种不需要调节温度的货物使用的集装箱,一般称通用集装箱(见图3-23)。

散货集装箱是用以装载粉末、颗粒状货物等各种散装货物的集装箱。

液体货集装箱是用以装载液体货物的集装箱(见图3-24)。

冷藏集装箱是一种附有冷冻机设备,并在内壁敷设热传导率较低的材料,用以装载冷冻、保温、保鲜货物的集装箱(见图3-25)。

汽车集装箱是一种专门设计用来装运汽车,并可分为两层装货的集装箱(见图3-26)。

图3-23　20in标准干货集装箱

图3-24　液体货集装箱

图3-25　冷藏集装箱

图3-26　汽车集装箱

牲畜集装箱(Pen Container)是一种专门设计用来装运活牲畜的集装箱,有通风设施,带有喂料和除粪装置(见图3-27)。

图3-27　牲畜集装箱

兽皮集装箱是一种专门设计用来装运生皮等带汁渗漏性质的货物,有双层底,可存储渗漏出来的液体的集装箱(见图3-28)。

图3-28　兽皮集装箱

2. 按制造材料分

制造材料是指集装箱主体部件(侧壁、端壁、箱顶等)的材料。按制造材料,集装箱可分成三种:钢制集装箱、铝合金集装箱、玻璃钢集装箱,此外还有木集装箱、不锈钢集装箱等。

钢制集装箱:用钢材制成,优点是强度大,结构牢,焊接性能高,水密性好,价格低廉;缺点是重量大、防腐性差。

铝合金集装箱:用铝合金材料制成,优点是重量轻,外表美观,防腐蚀,弹性好,加工方便以及加工费、修理费低,使用年限长;缺点是造价高,焊接性能差。

玻璃钢集装箱:用玻璃钢材料制成,优点是强度大,刚性好,内容积大,隔热、防腐、耐化学性好,易清扫,修理简便;缺点是重量大,易老化,拧螺栓处强度降低(见图3-29)。

图3-29 玻璃钢集装箱

3.按结构分

按结构分,集装箱可分为三类:固定式集装箱、折叠式集装箱、薄壳式集装箱。固定式集装箱还可分为密闭集装箱、开顶集装箱、板架集装箱等。

折叠式集装箱,指集装箱的主要部件(侧壁、端壁和箱顶)能简单地折叠或分解,再次使用时可以方便地再组合起来(见图3-30)。

图3-30 折叠式集装箱

薄壳式集装箱,是把所有部件组成一个钢体,它的优点是重量轻,可以适应所发生的扭力而不会引起永久变形。

4.按总重分

按总重分,有30t集装箱、20t集装箱、10t集装箱、5t集装箱、2.5t集装箱等。

5.按规格尺寸分

国际上通常使用的干货柜如下:外尺寸为20in×8in×8in 6ft,简称20尺货柜;外尺寸为40in×8in×8in 6ft,简称40尺货柜;外尺寸为40in×8in×9in 6ft,简称40尺高柜。

6.按用途分

按用途分,有冷藏集装箱(Reefer Container,RF),挂衣集装箱(Dress Hanger Container),开顶集装箱(Open Top Container,OT),框架集装箱(Flat Rack Container,FR),罐式集装箱(Tank Container,TK)、平台集装箱(Platform Container)、通风集装箱(Ventilated Container)、保温集装箱(Insulated Container)。

开顶集装箱是用于装载玻璃板、钢制品、机械等重货,可以使用起重机从顶部装卸,开顶箱顶部可开启或无固定项面的集装箱(见图3-31)。

框架集装箱是以箱底面和四周金属框架构成的集装箱,适用于长大、超重、轻泡货物(见图3-32)。

罐装集装箱是由箱底面和罐体及四周框架构成的集装箱,适用于液体货物。

平台集装箱是专供装运超限货物的集装箱,有一个强度很大的底盘,在装运大件货物时,可同时使用几个平台集装箱(见图3-33)。

图3-31　40in开顶集装箱

图3-32　框架集装箱

图 3-33 平台集装箱

三、集装袋

(一)集装袋的定义、特点和使用

1. 集装袋的定义

集装袋,全称柔性集装袋,也称为大袋、吨包装袋,是一种柔软、可曲折的包装容器,是由可折叠的涂胶布、树脂加工布及其他软性材料制成的大容积的运输袋。一般是以聚丙烯或聚乙烯为主要原料,经挤出成膜、切割、拉丝,再经编织、裁切、缝制而成的。采用这种包装,不仅有利于提高装卸效率,特别适宜于散装粉粒状货物的包装,有利于促进散装货物包装的规格化、系列化,降低运输成本,而且还具有便于包装、储存及造价低等优点。集装袋特别适用于机械化作业,是仓储、包装、运输的理想选择,可广泛应用于水泥、化肥、食盐、糖、化工原料、矿石等散装物质的公路、铁路及海上运输(见图3-34)。

图 3-34 集装袋

2. 集装袋的特点

(1) 在结构上有足够的强度,装填、卸出操作方便,适应机械化装卸,而非手工操作。操作工使用起重机或铲车来搬运货物,提高了工作效率。

(2) 集装袋原材料的阻隔性好,结构密封性也较好,水分、杂物、灰尘不易混入,对产品的保护作用好。而且轻便、柔软、强度高、耐酸碱腐蚀、防潮、不渗漏,适用于包装粉状、片状、颗粒状固体产品,便于运输和仓储。

(3) 无须再包装。相比于其他包装物,集装袋一般无须托盘,大大节约了包装成本。

(4) 集装袋可以平整折叠、捆包运输到终端使用者并在卸料后折叠放置,只需占用极小的仓储空间,而且普通 1 t 货物所用集装袋重量只有 3.5~4.5 kg,因此,集装袋的使用比较方便和经济。

(5) 集装袋一般可以根据终端用户的特殊需求定做,包括袋身和上下料口的尺寸、吊带的款式、基布的规格、是否须涂膜、是否须内袋等,也可以根据产品的特性来设计。

3. 集装袋的使用

(1) 装料。先将集装袋吊环对称挂于灌装机横梁上,使集装袋底基本与地面接触,然后将集装袋装料口打开,套入装料筒并由夹持装置夹紧,以免粉尘或颗粒漏出。启动灌装机将原料从装料口装入袋内,灌装时先将袋身拉直后再灌装。灌装结束后,关闭装料口。如使用带有卸料口的集装袋,灌装前应查看底部是否扎好。

(2) 装车。将集装袋吊环均衡地挂于提升装置上,根据集装袋的类型及装载重量,可选用叉车、起重机、吊车等。如果用叉车来吊装集装袋,应将铲板调整到恰当的位置,集装袋应紧贴叉车,不要向前倾斜。为保证吊装时袋体的重心平衡,注意切不可挂单环。然后,启动提升装置将集装袋慢慢提起,到达一定高度后,均匀平放在火车(或汽车)台板上。如果不须立即装车运走,在工作场地应堆放整齐一致,在吊装及堆放过程中,不要相互挤压、歪斜、碰撞等。

(3) 储存。原则上集装袋装料后,应即装即走,但如因情况需要,不能立即运走的,为避免物料损坏,集装袋应在仓库内储存,环境周围应远离水、汽、潮湿及高温源。如在室外存放时,除满足上述环境条件外,还应注意用篷布遮盖,并避免阳光直射。

(4) 卸料。用叉车或吊车将集装袋吊起,对准料槽或其他容器的口,打开袋体底部料口系绳,原料可自行落下,完成卸料。对于一次性使用的集装袋可用一合适的工具远距离将袋底扎破即可卸料。在吊卸作业中,不要站在集装袋的下面。

(二) 集装袋的类型

(1) 圆筒型、方型,如图 3-35 所示。

图 3-35 集装袋

(2)顶部吊带、底部吊带、侧面吊带。

(3)胶布集装袋、树脂加工布袋、交织布袋、皮革布袋、复合材料集装袋。

任务四　装卸搬运设备

在仓库中完成货场、站台上的货物装卸、短距离搬运,以及在仓库中从货架上存取货物主要依靠装卸搬运设备来进行。在货场、站台中采用的主要机械设备包括桥式起重机、龙门起重机、汽车起重机、门座起重机、叉车等;在仓库中采用的机械设备包括起重设备中的堆垛起重机、升降平台,搬运车辆中的叉车、手推车、自动导引车等。下面介绍仓库中常用的装卸搬运设备。

一、起重机

(一)起重机的概念

起重机属于起重机械的一种,是一种做循环、间歇运动的机械。起重机主要用来实现货物的垂直升降运动,同时伴随着实现货物的水平移动,以满足货物的装卸、转载等作业要求。它的一般工作过程如图 3-36 所示。它广泛应用于工矿企业、港口码头、车站、仓库等。

图 3-36　起重机械的一般工作过程

堆垛起重机是立体仓库中重要的运输设备,其主要作用是在立体仓库的通道内运行,在三维空间上(行走、升降、两侧向伸缩)按照一定的顺序组合进行往返运动,以完成对集装单元或拣选货物的出入库作业。

(二)堆垛起重机的类型

堆垛起重机的分类方式有很多种,根据不同的应用需要采用不同的分类方式。根据有无轨道,堆垛起重机可以分为有轨堆垛起重机和无轨堆垛起重机。具体分类如图 3-37 所示。

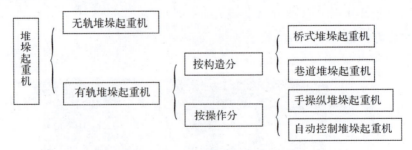

图 3-37　堆垛起重机的分类

为叙述方便,将无轨堆垛起重机与有轨堆垛起重机一起介绍。

1. 无轨堆垛起重机

无轨堆垛起重机又称高架叉车,而常说的堆垛起重机是指有轨堆垛起重机。与高架叉车相比较,有轨堆垛起重机所能达到的高度要高得多,需要的巷道宽度更小,定位精度更高,工作效率更高,但其机动性比高架叉车要差很多。

2. 桥式堆垛起重机

桥式堆垛起重机根据其构造可以分为支撑桥式堆垛起重机和悬挂桥式堆垛起重机。悬挂桥式堆垛起重机的车轮沿着工字钢下翼缘运行,支撑桥式堆垛起重机的大车轮沿着轨道顶面运行,如图 3-38 所示。

图 3-38 桥式堆垛起重机

3. 巷道堆垛起重机

巷道堆垛起重机是由叉车、桥式堆垛起重机演变而来的。桥式堆垛起重机由于桥架笨重,因而运行速度受到很大的限制,它仅适用于出入库频率不高或存放长形原材料和笨重货物的仓库。巷道堆垛起重机的主要用途是在高层货架的巷道内来回穿梭运行,将位于巷道口的货物存入货格,或者取出货格内的货物运送到巷道口。

4. 手操纵堆垛起重机

手操纵堆垛起重机是司机在堆垛起重机的司机台上一边查看货位号码,一边操纵手柄或按钮完成行走、升降、货叉进出(见图 3-39)。

图 3-39 手操纵堆垛起重机

5.自动控制堆垛起重机

该类起重机是指对货物按给定程序自动认址的堆垛起重机。

二、叉车

(一)叉车的概念

叉车是一种用来装卸、搬运和堆码单元物品的车辆,是仓库装卸搬运机械中应用最广泛的一种设备,具有选用性强、机动灵活、效率高的优点。

叉车是装卸搬运机械中最常见的具有装卸、搬运双重功能的机械设备,主要以货叉为取物工具,依靠液压升降机实现对货物存取和升降,由轮胎行走机构实现货物水平搬运的机械车辆。叉车主要有三大部分,即发动机、底盘和工作装置,其结构如图 3-40 所示。叉车用来对各种货物进行装卸、堆垛、柴垛和短距离搬运。

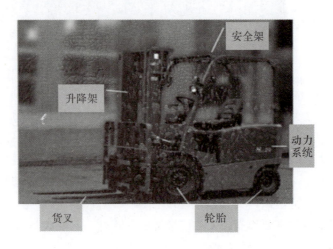

图 3-40 叉车的结构

叉车广泛应用于港口、车站、机场、货场、工厂车间、仓库、流通中心和配送中心等,在船舱、车厢和集装箱内进行托盘货物的装卸、搬运作业,是托盘运输、集装箱运输中必不可少的设备。

利用叉车可以实现装卸搬运作业机械化,减轻劳动强度,节约大量劳动力,提高工作效率,缩短装卸、搬运、堆码的作业时间,加速物资、车辆周转,在很大程度上提高了仓库的利用率,促进库房向多层货架和高架仓库发展,同时减少货物破损,提高了作业的安全程度。

(二)叉车的分类

1.叉车所用动力

根据叉车所用动力,可分为内燃叉车和蓄电池叉车。

(1)内燃叉车又分为普通内燃叉车、重型叉车、集装箱叉车和侧面叉车。

1)普通内燃叉车。一般采用柴油、汽油、液化石油气或天然气发动机作为动力,载荷能力为 1.2~8.0 t,作业通道宽度一般为 3.5~5.0 m,考虑到尾气排放和噪声问题,通常用在室外、车间或其他对尾气排放和噪声没有特殊要求的场所。由于燃料补充方便,因此可实现长时间的连续作业,而且能胜任在恶劣环境下(如雨天)工作。

2)重型叉车。采用柴油发动机作为动力,承载能力为10.0～52.0 t,一般用于货物较重的码头、钢铁等行业的户外作业。

3)集装箱叉车。采用柴油发动机作为动力,承载能力为8.0～45.0 t,一般分为空箱堆高机、重箱堆高机和集装箱正面吊。应用于集装箱搬运,如集装箱堆场或港口码头作业。

4)侧面叉车。采用柴油发动机作为动力,承载能力为3.0～6.0 t。在不转弯的情况下,具有直接从侧面叉取货物的能力,因此主要用来叉取长条形的货物,如木条、钢筋等。

(2)蓄电池叉车以电动机为动力、蓄电池为能源。承载能力为1.0～8.0 t,作业通道宽度一般为3.5～5.0 m。由于没有污染、噪声小,因此广泛应用于室内操作和其他对环境要求较高的工况,如医药、食品等行业。随着人们对环境保护的重视,蓄电池叉车正在逐步取代内燃叉车。由于每组电池一般在工作约8小时后需要充电,因此对于多班制的工况需要配备备用电池。

2. 叉车的结构特点

根据叉车的结构特点,可分为平衡重式叉车、插腿式叉车、前移式叉车、侧面式叉车、拣选式叉车和高架叉车。

(1)平衡重式叉车。车体前方装有升降货叉、车体尾部装有平衡重块的起升车辆,简称叉车。叉车适用于港口、车站和企业内部装卸、堆垛和搬运成件物品。3 t以下的叉车还可在船舱、火车车厢和集装箱内作业。将货叉换装各种属具后,叉车可搬运多种货物,如换装铲斗可搬运散状物料等(见图3-41)。

图3-41 平衡重式叉车

(2)插腿式叉车。插腿式叉车有两条支腿位于叉车前端跨于底部,支腿下有很小的轮子,如图3-42所示。

图 3-42 插腿式叉车

（3）前移式叉车。前移式叉车是指对成件托盘货物进行装卸、堆垛和短距离运输作业的前移轮式搬运车辆，用于仓储大型物件的运输，通常使用电池驱动。前移式叉车集平衡重式电动叉车、堆垛车的优点于一身，具有环保节能、噪声小、高起升、作业空间小等特点，如图 3-43 所示。

图 3-43 前移式叉车

（4）侧面式叉车。侧面式叉车的门架、起升机构和货叉位于叉车的中部，可以沿着横向导轨移动。货叉位于叉车的侧面，侧面还有一货物平台。当货叉沿着门架上升到大于货物平台高度时，门架沿着导轨缩回，降下货叉，货物便放在叉车的货物平台上。侧面式叉车的门架和货叉在车体一侧。车体进入通道，货叉面向货架或货垛，装卸作业不必先转弯再作业。该类叉车主要设计用来搬运特殊形状的物品，最普遍的侧面叉车是装卸和搬运长形的货物，如金属管、木材等，如图 3-44 所示。一般存取高度可至 9～11 m，通常是在有导引的通道内作业。

图 3-44 侧面式叉车

(5)拣选式叉车。拣选式叉车按升举高度可分为低位拣选式叉车和高位拣选式叉车,是操作台上的操作者可与装卸装置一起上下运动,并拣选储存在两侧货架内物品的叉车,如图 3-45 所示。

图 3-45 拣选式叉车

(6)高架叉车。高架叉车又称为无轨巷道堆垛机或三向堆垛叉车,如图 3-46 所示。

图 3-46 高架叉车

三、手推车

手推车轻便灵活,广泛应用于仓库、配送中心、工厂、百货公司、机场以及医院。手推车根据其用途及负载能力一般分为手推台车、两轮手推车和自动导引搬运车三类。

(一)手推台车

手推台车是一种以人力为主的搬运车,具有轻巧灵活、易操作、回转半径小的特点。手推台车广泛用于医疗、电子、通信、五金等行业,适宜完成工序间物料及工具的运送,是短距离、运输轻小物品的一种方便而经济的搬运工具。一般每次搬运量为 5~500 kg,水平移动 30 m 以下,搬运速度 30 m/min 以下。手推台车是仓库和超市常用的搬运设备之一,它具有结构简单,自重轻等优点,可以方便搬运周转箱等设备。手推台车静音系列手推车车板采用高性能树脂或钢板,角轮采用高性能树脂,独特静音设计,走行轻快。

根据其应用和形式的不同,手推台车可分为立体多层式手推台车、升降式手推台车、登高式手推台车等。

1. 立体多层式手推台车

立体多层式手推台车是为了增加置物的空间及存取方便性,而把传统单板台面改成多层台面,此种手推车常常用于拣货场合,如图 3-47 所示。

图 3-47 立体多层式手推台车

2. 升降式手推台车

在某些体积较小、重量较重之金属制品或人工搬运移动吃力的搬运场合中,由于场地的限制而无法使用堆垛机时便可采用可升降手推台车,如图 3-48 所示。此种手推车除了装有升降台面以供承载物升降外,其轮子一般采用耐负荷且附有刹车定位之车轮以供准确定位和上下货。

图 3-48 升降式手推台车

3. 登高式手推台车

在物流配送中心中,手推车在拣货作业中使用最广,而拣货作业常因货架高度的限制而得爬高取物,故有些手推车旁设计附有梯子以方便取物,称为登高式手推台车,如图3-49所示。

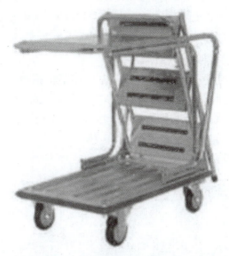

图3-49 登高式手推台车

(二)两轮手推车

两轮手推车是最古老、最实用的人力搬运车,它轻巧、灵活、转向方便,但因靠体力装卸、保持平衡和移动,所以只适合装载较轻、搬运距离较短的场合。

(三)自动导引搬运车

自动导引搬运车是指装有自动导引装置,能够沿规定的路径行驶,在车体上还具有编程和停车选择装置、安全保护装置以及各种物料移载功能的搬运车辆,如图3-50所示。

图3-50 自动导引搬运车

四、输送设备

这里所说的输送设备主要是指连续输送机。作为自动化物流配送中心必不可少的重要搬运设备,连续输送机是沿着一定的输送路线以连续方式运输货物的机械。连续输送机根据所运货物的种类分为成件货物输送机和散装货物输送机,按结构特点分为有挠性牵扯引构件和无挠性牵扯引构件的连续输送机。

现代化装卸技术

有挠性牵扯引构件的连续输送机运送货物时,是在牵扯引构件的作用下,利用牵扯引构件的连续运动使货物沿一定方向运输的。它包括带式输送机、链式输送机、斗式提升机等。无挠性牵扯引构件的连续输送机是利用工作构件的旋转或震动等方式,使货物沿一定方向运输。它包括气力输送机、螺旋输送机、振动输送机等。

(一)辊道式输送机

辊道式输送机是利用辊子的转动来输送成件物品的输送机。它可沿水平或曲线路径进行输送,结构简单,安装、使用、维护方便,对不规则的物品可放在托盘或者托板上进行输送,如图3-51所示。

图 3-51 辊道式输送机

(二)链式输送机

链式输送机是利用链条牵扯引、承载,或由链条上安装的板条、金属网、辊道等承载物料的输送机,广泛用于食品、罐头、药品、饮料、化妆品、洗涤用品、纸制品、调味品、乳业及烟草等的自动输送、分配和后道包装的连续输送,如图3-52所示。

(三)带式输送机

带式输送机是一种利用连续而具有挠性输送带连续地输送物料的输送机,如图3-53所示。它可以输送各种散状物料,也可以输送单位质量不太大的成件物品。

图 3-52 链式式输送机

图 3-53 带式输送机

(四)刮板输送机

用刮板链牵引,在槽内运送散料的输送机叫作刮板输送机。刮板输送机可以水平、倾斜和垂直输送粉尘状、小颗粒及小块状等散货(见图 3-54)。输送物料时,刮板链条全埋在物料之中,它主要由封闭断面的机槽(机壳)、刮板链条、驱动装置以及张紧装置等部件所组成,刮板链条既是牵扯引构件又是承载构件,工作时,物料可以由加料口进入机槽内,也可在机槽的开口处由运动着的刮板从料堆取料。

图 3-54 刮板输送机

(五)斗式提升机

斗式提升机可在垂直或接近垂直的方向上连续提升粉粒状物料(见图3-55)。其牵扯引构件绕过上部和底部的滚筒或链轮,牵扯引构件上每隔一定距离有一个料斗,由上部滚筒或链轮驱动,形成具有上升的载重分支和下降的空载分支的无端闭合环路。物料从载重分支的下部进料口进入,由料斗把物料提升至上部卸料口卸出。

图3-55 斗式提升机

(六)螺旋输送机

螺旋输送机是没有挠性牵扯引构件的输送设备。它利用螺旋叶片的旋转推动物料运动,在输送物料的过程中能起到掺和、搅拌和松散物料的作用,适用于输送粉状、颗粒状或小块物料,不宜输送大块、磨损性强、易破碎、黏性大、易结块的物料,如图3-56所示。螺旋输送机可分为水平螺旋输送机和垂直螺旋输送机。

图3-56 螺旋输送机

(七)气力输送机

气力输送机是运用风机使管道内形成气流来输送散粒状物料。气力输送机操作简单,生产率较高,易于实现自动化;结构简单,易于装卸,机械故障少,维修方便,有利于实现散装运输。但是,气力输送机功率消耗大,鼓风机噪声大,弯管等部件容易磨损,物料的块度、黏度、湿度受到一定限制,输送过程中物料易破碎,如图3-57所示。

图3-57 气力输送机

(八)振动输送机

振动输送机是利用激振器使料槽振动,从而使槽内物料沿一定方向滑行或抛移的连续输送机械。振动输送机可把块状、粉粒状物料均匀连续地输送到卸料口。振动输送机料槽磨损小,可以实现水平、倾斜或垂直输送,同时可对物料进行干燥、冷却作业,广泛用于冶金、矿山、煤炭、建材、化工、粮食、玻璃等行业,如图3-58所示。

图3-58 振动输送机

任务五 自动分拣设备与计量设备

一、自动分拣设备

(一)自动分拣设备的概念

自动分拣设备指的是受自动控制的一套机械分拣装置。它由接受分拣指令的控制装置、把到达分拣位置的货物取出的搬送装置、在分拣位置把货物分送的分支装置和在分拣位置存放货物的暂存装置等组成(见图3-59)。

图 3-59 自动分拣设备

(二)自动分拣设备的组成

自动分拣设备一般是由7部分组成,即收货输送机、分拣指令设定装置、送喂料输送机、合流装置、分拣卸货道口、分拣输送机和计算机控制器。

1. 收货输送机

货物经检查验货后,送入分拣系统,采用多条输送带组成的收货输送机系统,以供卡车同时卸货。这些输送机多使用滚筒输送机,具有积放功能,即当前面的货物遇阻时,后续货物下面的滚道自动停转,使货物得以在滚筒输送机上暂存,解阻后自动继续前进。

2. 分拣指令设定装置

通常在待分拣货物上贴上有到达目的地标记的标签,或在包装箱上写上收货方的代号,以表明货物到哪个道口分拣,并在进入分拣机前,先由信号设定装置把分拣信息(如配送目的地、客户名等)输入计算机中央控制器。在自动分拣系统中,分拣信息转变成分拣指令可以通过人工键盘输入、声控方式、激光自动阅读物流条码、计算机程序控制等方式。

3. 送喂料输送机

货物在进入某些自动分拣机前,先经过送喂料机。它的主要作用有两个:一是依靠光电管的作用,使前后两货物之间保持一定的间距,均衡地进入分拣传送带;二是使货物逐渐加速到分拣机主输送机的速度。

4. 合流装置

大规模的分拣设备因分拣数量较大,往往由2~3条传送带输入被拣物品,他们在分别经过各自的分拣信号设定装置后,经过合流装置。合流装置由滚筒式输送机组成,它能让到达汇合处的货物依次通过。

5. 分拣卸货道口

分拣卸货道口主要是用来接纳分拣机构送来的被拣货物的装置。其形式各种各样,主要取决于分拣方式和场地空间。一般采用斜滑道,其上部接口设置动力滚道,把被拣商品"拉"入斜滑道。有些自动分拣系统使用的分拣斜滑道在不使用时可以向上吊起,以便充分利用分拣场地。

6. 分拣输送机

分拣输送机是自动分拣设备的主体,包括货物传送装置和分拣机构两部分。货物传送装置的作用就是要把被拣货物送到指定的拣道口位置,分拣机构负责把被拣货物推入分拣道口。

7. 计算机控制器

计算机控制器主要负责向分拣机的各个执行机构传递分拣信息,并控制整个分拣系统的指挥中心。自动分拣的实施主要靠它把分拣信号传送到相应的分拣道口,并指示启动分拣装置,把被拣货物推入道口。分拣机控制方式通常用脉冲信号跟踪法。

(三)自动分拣机的种类

1. 横向式分拣机

原理:货物输送到指定部位靠拨杆的横向转动推挡货物进行分选,如图3-60所示。

特点:分选能力很大,分选货物不受包装形态限制。分选时对分选物品有一定的冲击。分选能力越高,分选机器的冲击力越大。

图3-60 横向式分拣机

2. 升降推出式分拣机

原理：从搬运输送机的下侧用浮出装置把货物托起，转一微小坡度，送到搬运输送机外面进行分选。

特点：分选时对货物的冲击较小，最适合于分选底面平坦的纸箱、托盘状的各种货物，不适合很长或底面不平坦的货物。

3. 翻盘式分拣机

原理：输送机本身设有分送装置，货物到达规定的分选位置，货物所在的盘或板向左或向右翻转倾斜一定的角度进行分选，如图 3-61 所示。

特点：布置灵活，可三维立体布局，适应作业工程需要；可靠耐用，易维修保养；适用于大批量产品的分拣，适用于底面不平整的软包装货物如报纸捆、米袋等。

图 3-61 翻盘式分拣机

4. 活动货盘式分拣机

原理：由圆管或金属条板组成，每块条板或管子上都有一个活动的货物托盘做横向运动，当货物到达分类装置出口时，将货物分到指定的岔道实现分类。

特点：分选效率高，仅适于较轻、较小货物的分选。

5. 滑块式分拣机

原理：依靠滑块推动物料转向，滑块的路径依靠滑块下端预定的路径产生斜角依次推动物料到达分拣道口。滑块下端有个类似导向轮的装置，正常模式下沿着直线行走，此时滑块在分拣机一侧，如果需要分拣，分岔机构受到电动或者气动或者电磁力作用，类似铁路道岔换轨，滑块即沿着斜线运动，如图 3-62 所示。

特点：①可适应不同大小、重量、形状的各种商品；②分拣时轻柔、准确；③可向左、右两侧分拣，占地空间小；④分拣时所需商品间隙小，分拣能力高达 12 000 个/时；⑤机身长，最长达 110 m，出口多。

项目三 仓储作业设备

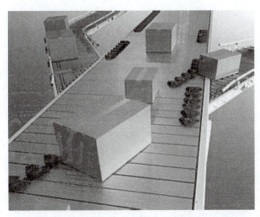

图 3-62 滑块式分拣机

6. 摇臂式分拣机

原理:被分拣的物品放置在钢带式或链板式输送机上,当到达分拣口时,摇臂转动,物品沿摇臂杆斜面滑到指定的目的地,如图 3-63 所示。

图 3-63 摇臂式分选机

其他分拣机的性能见表 3-1。

表 3-1 其他分拣机的性能比较

类 型	适应范围	最大货重 kg	最大速度 m/s	最大分件能力 件/h	费用	空间要求
直落式分拣	扁平和不易碎品	5	1.5	12 000	一般	合适
棍子浮出分拣	平底,货物无包装袋货物	50	2.5	7 000	一般	合适
气缸侧推分拣	非易碎物品	约 50	1.5	1 500	合适	一般
旋转挡臂分拣	几乎所有物品	约 50	1.8	2 500	合适	一般
皮带浮出分拣	适用于皮带运输的物品	50	1.5	3 000	合适	高

— 75 —

二、计量设备

(一)计量设备的概念

计量设备是指能用以直接或间接测出被测对象量值的装置、仪器仪表、量具和用于统一量值的标准物质。计量设备广泛应用于生产、科研领域和人民生活等各个方面,在整个计量立法中处于相当重要的地位。因为全国量值的统一,首先反映在计量设备的准确一致上,计量设备不仅是监督管理的主要对象,而且是计量部门提供计量保证的技术基础。

(二)计量设备的种类

1.地磅

地磅,英文为truck scales,也被称为汽车衡,是设置在地面上的大磅秤,通常用来称卡车的载货吨数,是厂矿企业等用于大宗货物计量的主要称重设备,如图3-64所示。

图3-64 地磅

地磅按秤体结构,可分为工字钢地磅、T型梁地磅、L梁钢地磅、U型钢地磅、槽钢地磅、钢筋混凝土地磅;按传感器类型,可分为数字式地磅、模拟式地磅。

2.电子秤

电子秤,英文为electronic balance,是衡器的一种,是利用胡克定律或力的杠杆平衡原理测定物体质量的工具。按结构原理,电子秤可分为机械秤、电子秤、机电结合秤三大类,如图3-65所示。

电子秤主要由承重系统(如秤盘、秤体)、传力转换系统(如杠杆传力系统、传感器)和示值系统(如刻度盘、电子显示仪表)组成。

3.地衡器

地衡器是称量铁路货车载重的衡器,分为静态轨道衡、动态轨道衡和轻型轨道衡,广泛用于工厂、矿山、冶金、外贸和铁路部门对货车散装货物的称量,如图3-66所示。

项目三　仓储作业设备

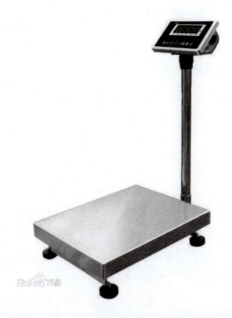

图 3-65　电子秤

图 3-66　地衡器

项 目 小 结

本项目主要介绍仓储作业设备和系统配置的重要作用,货架、集装设备、装卸搬运设备、自动分拣设备与计量设备的类型、特点与适用条件。了解各种仓储作业设备的功能与作用,掌握仓储作业设备配备的要求,尽可能提高设施设备的使用放率,避免设备的闲置。

【实训作业】

一、地牛信息

(1)品牌:欧力特等;
(2)额定起重量:2 500 kg;
(3)每队可使用1台。

二、电动堆高车信息

(1)品牌:TCM;
(2)规格型号:EMS1610;
(3)自重:3 180 kg;
(4)额定起重量1 500 kg;
(5)标准载荷中心距 400 mm、长 1 660 mm、宽 930 mm、高 2 330 mm;
(6)最大起升高度:1 600 mm;
(7)最大起升高度起重量:1 000 kg;
(8)每队只能使用1台;
(9)堆高车只做垂直运动,不做长距离水平运动;
(10)按使用次数计费,10元/台次。
结合项目四的案例导入进行设备的选择。

【课后习题】

一、单项选择题

1.(　　)是反映仓储系统水平的主要标志。
　　A.仓储技术　　　　B.仓储管理　　　　C.仓储设备　　　　D.仓储作业
2.(　　)作为物流运作过程中重要的装卸、储存和运输设备,与叉车配套使用在现代物流中发挥着巨大的作用。
　　A.托盘　　　　　　B.货架　　　　　　C.输送机　　　　　D.起重机
3.(　　)主要用于输送散装、块状、颗粒状物料,也可输送中小型包装的货物。
　　A.带式输送机　　　B.辊筒输送机　　　C.链式输送机　　　D.悬挂输送机
4.自动化立体仓库也称自动存取系统,简称(　　)。
　　A.AGV　　　　　　B.RF　　　　　　　C.RFID　　　　　　D.AS/RS
5.自动分拣系统的主体是(　　)。
　　A.收货输送机　　　　　　　　　　　　B.分拣指令设定装置
　　C.送喂料输送机　　　　　　　　　　　D.分拣输送机

三、多项选择题

1.仓储工作中所使用的设备按其用途和特征可以分成(　　)、通风照明设备、消防安全设备以及其他用途设备和工具等。
　　A. 装卸搬运设备　　　　B. 保管设备　　　　C. 计量设备
　　D. 养护检验设备　　　　E. 劳动防护设备
2. 仓储常用的叉车有(　　)。
　　A. 平衡重式叉车　　　B. 前移式叉车　　　C. 侧面式叉车　　　D. 插腿式叉车
3. 集装设备主要有(　　)。
　　A. 托盘　　　　　　　B. 集装箱　　　　　C. 集装袋　　　　　D. 起重机
4. 国际标准化组织承认的 4 种国际规格托盘包括(　　)。
　　A. 1 200 mm×800 mm　　　B. 1 200 mm×1 000 mm　　　C. 1 219 mm×1 016 mm
　　D. 800 mm×1 000 mm　　　E. 1 100 mm×1 100 mm
5. 前移式叉车可以使货物的重心落在车辆支撑面以内,无须依靠车重或者配重来平衡货物重量,具有(　　)等特点。
　　A. 车身自重小　　　　B. 外形小巧　　　　C. 结构简单
　　D. 转弯半径大　　　　E. 结构复杂

四、简答题

1. 仓储设备的作用是什么?
2. 仓储设备的内容有哪些?
3. 货架有哪些作用?
4. 托盘的优点及缺点是什么?
5. 自动分拣机的特点是什么?

项目四　货物入库作业管理

知识目标：

1. 掌握入库前的相关工作。
2. 了解货物接运的方式。
3. 掌握货物入库验收的的方法及工作程序。
4. 掌握立卡、建档的方法。
5. 掌握在入库过程的常见问题及其处理方法。

技能目标：

1. 能够做好入库前的准备工作。
2. 能够做好货物的接运工作。
3. 能够做好货物的验收工作。
4. 能够办理各种入库手续和凭证。
5. 能够正确处理入库过程中出现的问题。

▶ 案例导入

某仓储企业 2017 年 8 月 25 日收到美乐高有限公司的入库通知单，其中包括 800 台长虹彩色电视机、300 台 242L 海尔冰箱、500 箱饼干、1 000 箱快速面、600 箱可口可乐饮料、400 箱矿泉水、500 袋洗衣粉等商品，需入库存放。根据入库货品信息，制作入库通知单，并编制入库作业计划。

任务一　入库准备

入库业务也叫收货业务，是根据商品入库凭证，在接受入库商品时所进行的卸货、查点、验收、办理入库手续等各项业务活动的计划和组织。入库准备流程图如图 4-1 所示。

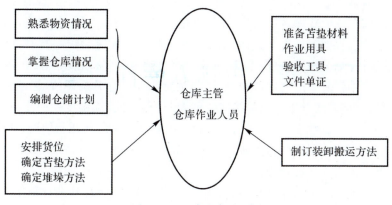

图 4-1　入库准备流程图

一、入库申请与入库通知单

(一)入库申请

入库申请是编制入库作业计划的基础和依据。存货人(供应商)对仓储服务产生需求,并向仓储企业发出需求通知,仓储企业接到申请后,对此项业务进行评估并结合仓储企业自身业务状况做出反应,或接受该项业务,制订入库作业计划,并分别传递给存货人和仓库部门,做好各项准备工作,或拒绝该项业务,并做出合理解释,以求客户谅解。入库申请流程如图4-2所示。

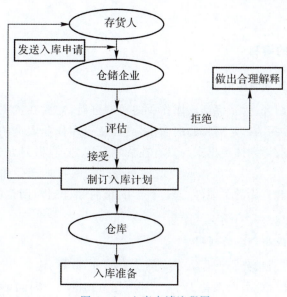

图 4-2　入库申请流程图

(二)入库通知单

入库通知单是存货人给仓库的一个客户委托,即存货人向仓储企业提出入库申请的书面形式。一般入库通知单是货主或者货主委托方为入库任务下达的,根据仓储协议,在一批货物由司机送达仓库前下达给仓库,仅仅起到预报入库信息的作用。

入库通知单的内容根据用途不同,可包括编号、日期、订单号、供应商、存货人、物品编号、物品名称、物品属性、物品件数、物品重量、包装材质及规格、存放地点等信息(见表4-1)。仓储企业业务部门收到存货人的入库通知单后,要对此业务进行分析评估,包括到货日期、物品属性、包装、数量、存储时间及本企业的接卸货能力、存储空间、温湿度控制能力等。分析评估后认为此业务本企业难以承担,业务部门可与存货人就存在的问题进行协商,如协商难以达成一致,则可拒绝此项业务;分析评估后认为此项业务完全符合本企业的业务范畴,则业务部门根据入库通知单制订入库作业计划,分别发给存货人和本企业仓库部门。发给存货人的入库作业计划作为存货人入库申请的确认,发给本企业仓库部门的入库作业计划作为生产计划,仓库部门依此计划进行生产准备。

表4-1 入库通知单

入库任务单编号:R20170512　　　　　　　　　　　　　　　　　　　计划入库时间:到货当日

序号	商品名称	包装规格/mm（长×宽×高）	单价/(元/箱)	重量/kg	入库/箱
1	婴儿纸尿裤	316×211×180	100	5	96
2	顺心奶嘴	448×276×180	100	8	27
3	婴儿美奶粉	498×333×180	100	22	27
4	婴儿湿巾	398×272×180	100	10	40

供应商:万事通达商贸有限公司

二、入库作业计划的编制

(一)编制入库作业计划的作用

凡事预则立、不预则废,为了保证入库作业的顺利进行,需要在货主货物入库之前做好入库作业计划。从入库时间的确定到货物的储位分配,从入库作业人员的安排到设施设备的配备,都需要通过入库作业计划体现出来。只有在货物到库之前,做好充分的接货准备工作,才能保证入库作业的顺利完成。入库作业计划是仓库部门根据本部门和存货人等外部实际情况,权衡存货人的需求和仓库的可能性,通过科学的预测和计划而制订的,可以保证仓库达到存货作业目标的实现。

1.合理安排仓容,提高仓容的利用率

采用事先计划的方式预先掌握存入仓库的货物品种、数量、包装、体积等情况,仓库便能对如何安排好这些货物做好充分的准备工作,能够根据货物的入库时间,腾出满足货物储存要求的仓库空间,以使有限的仓库容量得到合理的利用。

2.便于人员、设备的合理调配

借助入库作业计划,能方便地了解未来一段时间内货物进出库所需组织的生产作业,根据这些作业的要求,仓库管理者有时间筹划好各个环节的劳动力、设备和资源的安排,使企业的资源得到充分合理的使用,并发挥最佳的效能。

3. 有利于降低仓储费用

当仓储企业的资源得到合理使用时,便能减少因工作安排上的混乱所造成的种种浪费,而这种费用的节约能够提高仓储企业在市场上的竞争力。

(二)入库作业计划的内容

入库作业计划是存货人发货和仓库部门进行入库前准备的依据。入库作业计划的内容主要包括到货时间、接运方式、包装单元与状态、存储时间,以及物品的名称、数量、品种、规格、单件体积与重量、物理特性、化学特性与生物特性等详细信息。仓库部门对入库作业计划的内容要进行详细分析,并根据物品在库时间、物理、化学、生物特性,单件体积、重量和包装物等,合理安排货位。仓库部门对入库作业计划做出测评与分析之后,即可进行物品入库前的准备工作。

(三)影响入库作业的因素

1. 供应商的送货方式

(1)每天平均及最多送货的供应商数量。
(2)送货的车型及车辆台数。
(3)每台车平均卸货时间。
(4)货物到达的高峰时间。
(5)货品的装车方式。
(6)中途运输的转运方式。

2. 商品的种类、特性与数量

(1)每天平均送达的商品品种数。
(2)商品的尺寸及重量。
(3)商品的包装形态。
(4)商品的保质期。
(5)装卸搬运方式。

3. 人力资源

(1)员工的工作能力和工作熟练程度。
(2)工作员工的数量。
(3)员工的工作素养。

4. 设备及存货方式

(1)工作设备的数量和设备的完好率。
(2)存货方式的难易程度和要求。

三、入库的准备工作

按照物品的入库时间和到货数量,按计划安排好接运、卸货、检验、搬运物品的作业人员和班次;仓库保管员要准备好物品入库所需的各种报表、单证、账簿,以备使用。

(一)货位的准备

1. 平置库货位准备

根据入库计划,在货物到达之前将存储的位置和所需的货位面积予以确定。

(1)确定物品存储的位置主要考虑平置库平面布置、物品在库时间、物品物动量高低等因素。高物动量的物品,在库时间一般比较短,所以高物动量的物品应放置在离通道或库门较近的地方。

(2)确定物品所需货位面积所必须考虑的因素包括仓库的可用高度、仓库地面荷载、物品包装物所允许的堆码层数以及物品包装物的长、宽、高。

计算占地面积的公式如下:

$$单位包装物面积 = 长 \times 宽$$
$$单位面积重量 = 单位商品毛重 \div 单位面积$$

可堆层数(从净高考虑)公式如下:

$$层数\ a = 库高 \div 箱高$$

可堆层数(从地坪载荷考虑)公式如下:

$$层数\ b = 地坪单位面积最高载荷量 \div 单位面积重量$$
$$可堆层数 = \min(层数\ a, 层数\ b)$$
$$占地面积 = (总件数 \div 可堆层数) \times 单位包装物的面积$$

货位面积的计算

【例】 某仓库建筑面积为 10 000 m², 地坪载荷为 2 000 kg/m², 库高 4.8 m。现该库收到入库通知单见表 4-2。

表 4-2 入库通知单

入库时间: 年 月 日 时

入库编号	品 名	包装规格/mm	包装材料	单体毛重/kg	包装标志(限高)	入库总量/箱	备 注
00011225	五金工具	400×250×320	杨木	48	5 m	2 400	

如果该批物品入库后码垛堆存,作为仓库主管,请你计算出至少需要多大面积的储位?如果仓库可用宽度受限仅为 5 m,请计算出计划堆成重叠堆码的平台货垛的垛长、垛宽及垛高各为多少箱?

解:

$$单位包装物面积 = 400 \times 250 = 0.1\ m^2$$
$$单位面积重量 = 48 \div 0.1 = 480\ kg$$

可堆层数(从净高考虑):

$$层数\ a = 4.8 \div 0.32 = 15\ 层$$

可堆层数(从包装标志限高考虑):

$$层数\ b = 5\ 层$$

可堆层数(从地坪载荷考虑):

$$层数\ c = 2\ 000 \div 480 \approx 4\ 层$$
$$可堆层数 = \min(a, b, c) = \min(15, 5, 4) = 4\ 层$$

占地面积＝(2 400÷4)×0.1＝60 m²
垛宽＝5÷0.25＝20 箱
垛长＝60÷5÷0.4＝30 箱
垛高＝4 箱

2. 货架库货位准备

计划入库物品如果上架存储,在明确存储位置和所需货位数量的同时,还要准备好相应数量的托盘。

(1)货架库货位优化。决定计划入库物品的存储位置的关键因素是物动量,高物动量物品应该选择首层货位,中物动量物品应该选择中间层货位,低物动量物品则应该选择上层货位。

(2)货架库货位及托盘数量准备。为保证计划入库物品能够顺利入库,仓管人员在入库前准备出足够的货位和上架所需的托盘。在计算所需货位及托盘数量时所应考虑的因素包括:①计划入库的物品种类及包装规格;②货架库货位的设计规格;③所需托盘规格;④叉车作业要求;⑤作业人员的熟练程度与技巧。

(二)苫垫材料的准备

根据预计到货物品的特性、体积、质量、数量和到货时间等信息,结合物品分区、分类和货位管理的要求,确定货位。同时要做好防雨、防潮、防尘、防晒准备,即准备好所需的苫垫材料。苫垫材料应根据货位位置和到货物品特性进行合理的选择。

苫垛材料的选择要考虑到使物品避免受地坪潮气的侵蚀,并满足垛底通风的需求。其主要材料包括枕木、方木、木板、石条、水泥墩、防潮纸(布)及各种人工垫板等。

苫盖材料为了使物品免受风吹、雨打、日晒、冰冻的侵蚀,主要包括塑料布、席子、油毡纸、铁皮、苫布及各种人工苫盖瓦等。

(三)设施设备的准备

仓库理货人员根据物品情况和仓储管理制度,确定验收方法,准备验收所需要的计件、检斤、测试、开箱、装箱、丈量、移动照明灯器具。同时要根据到货物品的特性、货位、设备条件、人员等情况,科学合理地制订卸车搬运工艺,备好相关作业设备,安排好卸货站台或场地,保证装卸搬运作业的效率。

(四)人员的安排

根据入库物资的数量和时间,安排好物资验收人员、搬运堆码人员以及物资入库工作流程,确定各个工作环节所需要的人员。

任务二 货物接运

货物到达仓库的形式有所不同,大部分要经过铁路、公路、水运、航空运输和短途运输等运输工具转运。凡经过交通运输部门转运的商品,都必须经过仓库接运后,才能进行入库验收。

一、货物接运的方式

(一)提货

1.到车站、码头提货

外地托运单位委托铁路、水运、民航等运输部门或邮局代运或邮递货物到达本埠车站、码头、民航站、邮局后,仓库依据货物通知单派车提货的作业活动。提货时应根据运单以及有关资料仔细核对品名、规格、数量,并要注意查验商品外观,查看包装、封印是否完好,有无沾污、受潮、水渍、油渍等异状。若有疑点或不符,应当场要求运输部门检查。对短缺损坏情况,凡属铁路方面责任的,应做出商务记录;属于其他方面责任的,需要铁路部门证明的应做出普通记录,由铁路运输员签字。在短途运输中,要做到不混不乱,避免碰坏损失。危险品应按照危险品搬运规定办理。

【案例】 粤美仓库收到广州火车站发来的一份到货通知,得知到站货物有:各种型钢共25 t、化肥10 t、洗衣粉5 t、子午线橡胶轮胎500条。粤美仓库马上组织人员进行相关工作,准备把货物运回仓库。

2.到货主单位提货

这种提货方式是货主在接到托运通知单后,做好一切提货准备,并将提货与物资的初步验收工作结合在一起进行。最好在供货人员在场的情况下,当场进行验收。因此,接运人员要按照验收注意事项提货,必要时可由验收人员参与提货。

【案例】 2017年4月9日,1号店向中国农业科学院作物科学研究所采购一批黄桃罐头,委托物流企业上门提货,货品信息见表4-3。

表4-3 货品信息表

客　户	单位:中国农业科学院作物科学研究所 地址:北京市海淀区农科大道25号 联系人:张新生　电话:1392017××××
收货人	单位:天津农学院 地址:天津市西青区津同公路19号 联系人:赵树明　电话:1562298××××
装货地点	北京市海淀区农科大道25号
卸货地点	天津市西青区津同公路19号
货品信息	黄桃罐头、纸箱包装规格(mm)(长×宽×高)460×260×180,重量7.5kg/箱,数量2 400箱,单价180元/箱
运杂费标准	普通货物天津—北京基础运价300元/t,重货(每立方米重量大于等于333 kg)按实际重量计费,轻货(每立方米重量不足333 kg)按折算重量计费。装卸费15元/t,保价费为货物声明价值的0.3%,托运人可自愿选择是否保价

3.托运单位送货到库接货

这种接货通常是托运单位与仓库在同一城市或附近地区,不需要长途运输时所采用的。

托运方送货到货主后,根据托运单(需要现场办理托运手续先办理托运手续)当场办理接货验收手续,检查外包装,清点数量,做好验收记录。

4. 铁路专用线到货接运

这是指仓库备有铁路专用线,大批整车或零担到货接运的形式。一般铁路专线都与公路干线联合。接到专用线到货通知后,应立即确定卸货货位,力求缩短场内搬运距离,组织好卸车所需要的机械、人员以及有关资料,做好卸车准备。

(二)仓库收货

货物到库后,仓库收货人员首先要检查货物入库凭证,然后根据入库凭证开列的收货单位和货物名称与送交的货物内容和标记进行核对,之后就可以与送货人员办理交接手续。

二、货物接运过程中的差错处理

在接货过程中,有可能会遇到破损、短少、变质、错到等差错。面对这些情况,仓库管理人员要先确定差错产生的原因,再要求责任单位做出合理赔偿。

1. 破损

破损责任若属于生产厂商、发货单位或承运单位,则提运员或接运员应向承运部门索取相关事故记录并交给保管员,作为向供应商或承运单位进行索赔的依据。若破损是接运过程中的装卸不当等原因造成的,签收时应写明原因、数量等,报仓库主管处理,一般由责任方负责赔偿。

2. 短少

短少分接运前和接运中两种情况。接运前短少的,提运员或接运员应进行相关记录,并向供应商核查,相关记录交给保管员,作为向供应商或承运单位进行索赔的依据。如因接运中的装卸不牢而导致物资丢失的,或无人押运被盗造成丢失的,在签收时应报告保卫部门进行追查处理。

3. 变质

若责任方在供货方,可退货、换货或索赔。保管员在签收时应详细说明数量和变质程度。若承运中因受污染等导致货物变质的,责任在承运方。保管员在签收时应索取有关记录,交货主处理。提运中,变质是货物混放、雨淋等造成的,由接货人员负责。

4. 错到

因发运方的责任,如错发、错装等导致错到,应通知发运方处理。因提运、接运中的责任,如错卸、错装等导致错到,保管员在签收时应详细注明,并报仓库主管赴现场追查处理。因承运方责任,如错运、错送等导致错到,应索取承运方记录,交货主交涉处理。对无合同、无计划的到货,应及时通知货主查询,经批准后,才能办理入库手续。同时,货主要及时将订货合同、到货计划送交仓库。

三、核对入库单证

1. 入库通知单与订货合同

入库通知单和订货合同副本是仓库接收货物的凭证,应与所提交的随货单证及货物内容相符。

2. 供货商单证

供货商单证主要包括送货单、装箱单、磅码单、原产地证明等。

送货单由供货商开具,通常包括五联:白联为存根,由发货部门留存;红联为记账联,交财务;黄绿联为回单,由收货人签字确认后带回;蓝联交收货人留存;黄联为出门证,交门卫。送货单如图4-3所示。

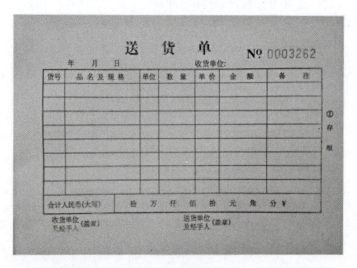

图4-3 送货单

装箱单、磅码单是商业发票的补充单据,是商品的不同包装规格条件、不同花色和不同重量逐一列表详细说明的一种单据。它是仓库收货时核对货物的品种、花色、尺寸、规格的主要依据。原产地证明用以证明物品的生产国别,进口国海关凭以核定应征收的税率。在我国,普通产地证可由出口商自行签发,或由进出口商品检验检疫局签发,或由中国国际贸易促进委员会签发。实际业务中,应根据买卖合同或信用证的规定,提交相应的产地证。

3. 承运人单证

承运人单证主要指运单。运单是由承运人或其代理人签发的,证明物品运输合同和物品由承运人接管装船,以及承运人保证将物品交给指定的收货人的一种单证。运单由承运单位开出,内容包括承运物品名称、包装状况、单位、单价、数量、承运时间、联系方式等信息,通常运单包括三至五联,主要的作用如下:

(1)"两次三方"的物品交接的凭证。"两次"指的是托运人与承运人物品交接、承运人与收货人物品的交接;"三方"指的是托运人、承运人、收货人。

(2)承运方与托运方的财务核算凭证。

任务三 入库验收

货物的入库验收是指仓库在货物正式入库前,按照一定的程序和手续,对到库货物进行数量、外观和质量的检查,以验证它是否符合仓储合同规定的一项工作。货物验收入库是仓储管理的重要一环,也是仓储业务的第一个环节。所有货物在入库之前都要进行验收,只有验收合格的货物才可以入库。

一、验收工作的意义

验收入库作业

(1)做好验收工作是确保入库商品质量的重要基础。尽管是同一种类货物,但不同供应商在原材料的选择和制作工艺上存在差别,因而出厂货物的质量会有所差别。同时,在货物流通领域中,如果运输距离较长、时间较长,气候和道路状况较差,运输方式的选择不合理,商品装卸不当,也会对商品的质量产生负面影响。

(2)做好验收工作是向供应商提出退换货及索赔的依据。货物验收过程中,若发现货物数量不足,或发现规格不符,或质量不合格时,可根据仓库检验人员做出的详细的验收记录,由业务主管部门向供货单位提出退货、换货或向承运责任方提出索赔等要求。货物只有经过严格的检验,在分清了货物入库前供货单位以及各个流转运输环节的责任后,才能将符合合同规定、符合企业生产需要的货物入库。

二、入库验收的原则

入库验收的原则:及时、准确、经济、安全。

1.及时

当货物到达仓库时,要及时安排人员、设备进行验货作业,保证货物能够尽快入库。

2.准确

货物验收时,一定要确定验收的货物是准确的、数量是准确的、质量是合格的,这才能保证验收作业的意义。

3.经济

验收作业需要投入一定的人力、物力和时间,仓储企业需要做好验收的准备工作,保证验收时间尽可能短、验收质量尽可能高,这样才能保证验收的效率。

4.安全

验收作业过程中一定保证人和物的安全,防止在验收作业时发生货损人伤的情况。这样不仅导致验收成本的上升,而且会降低仓储作业管理的效率。

三、入库验收的内容

一般来讲,每一个企业由于管理架构不同,验收的内容也不尽相同,但验收作业的主要内容都包括以下几个方面。

(1)核对供货方送货单内容填写是否详细,是否已填商品名称、商品编码、订单编号和数量等内容。

(2)核对送货单与本企业采购部门下达的订单之数量、品种、规格及交货期限是否相符。

(3)核对商品规格与送货单是否相符。

(4)抽查包装箱或容器内的商品数量是否与所贴标签一致。

(5)检验商品品质是否达到要求。

(6)合格商品入库并建立物料账。

四、入库验收作业的程序

(一)验收准备

接到供货方送货通知后,仓储方核对是否有此订单,确认供货商和供货日期是否正确。若正确,则开始做接货准备,包括准备货位、安排接货人员和工具、通知技术部安排检验工作。

(1)收集、整理并熟悉各项验收凭证、资料和有关验收要求。及时收集验收资料或向供货方索取验收技术资料。

(2)准备所需的计量器具、卡量工具和检测仪器仪表等。

(3)落实入库货物的存放地点,选择合理的堆码垛形和保管方法。

(4)准备所需的苫垫堆码物料、装卸机械、操作器具和担任验收作业的人力,如为特殊性货物,还需配备相应的防护用品,采取必要的应急防范措施,以防万一。

(5)进口货物或存货单位要求对货物进行质量检验时,要预先通知商检部门或检验部门到库进行检验或质量检测。

如果是供货方通过运输部门托运的物料,还要衔接好运输车辆和人员,及时提货。由于接运工作直接与交通运输部门接触,所以做好接运工作还需要熟悉交通运输部门的要求和制度。例如,发货人与运输部门的交接关系和责任划分,铁路或航运、海运等运输部门在运输中应负的责任,铁路或其他运输部门编制普通记录和商务记录的范围,向交通运输部门或保险公司索赔的手续和必要的证件等。

通过做好商品接运业务管理,可以防止把在运输过程中或运输之前已经发生的商品损害和各种差错带入仓库,减少或避免经济损失,为验收和保管保养创造良好的条件。

(二)核对各类凭证

供货方将物料运至仓库,就要开始核对单证,对物料进行当面验收并做好记录。若有差错,应填写记录,由相关人员签字证明,据此向有关部门提出索赔。核对单证按四个方面的内容进行。

(1)审核验收依据,包括业务主管部门或采购部门提供的入库通知单、订货合同或订货协议书。

(2)核对供货方提供的验收凭证是否齐全,包括发票、质量保证书、发货明细表、装箱单、磅码单、说明书、保修卡及合格证等。

(3)检查物料和包装容器上是否贴有物料标签,标签上是否注明物料品名、物料编码、生产日期、生产厂家和数量等内容。

(4)核对供货方所交物料是否是订单所列的物料、品种、规格;数量是否相符,要求不能多交,也不能少交;是否有超交或不按期限交货的现象。

核对凭证就是将上述凭证加以整理并全面核对。入库通知单、订货合同要与供货方提供的所有凭证逐一核对,要严格做到"五点不收":①凭证手续不全不收;②品种规格不符不收;③品质不符合要求不收;④无计划不收;⑤逾期不收。

相符后才可以进行下一步的检验工作。

(三)进行实物验收

1. 包装的验收

货物验收的一个内容就是包装的检验。包装是保护商品的重要载体,通过对包装的检验可以判断货物的完好程度。包装的检验一般采用观察的方法来完成。以货物的包装是否破损、是否污染、是否由渗漏等现象来判断货物的情况。货物的验收是从包装开始的,通过包装可以直观判断货物的质量。因此,首先进行包装的验收。

2. 质量的验收

仓库对到库货物进行的质量检验是根据仓储合同约定来施行的。合同没有约定的,按照货物的特性和惯例确定。由于新产品的不断出现,不同货物具有不同的质量标准,仓库应认真研究各种检验方法,必要时要求客户、货主提供检验方法和标准,或者要求收货人共同参与检验。仓库常用的检验方法主要有以下几种:

(1)外观检验。外观检验是指通过人的感觉器官检查商品外观质量的过程。外观检验主要检查货物的自然属性是否因物理反应及化学反应而造成负面的改变;是否受潮、沾污、腐蚀、霉烂等;检查商品包装的牢固程度;检查商品有无损伤,例如撞击、变形、破碎等。对于外观检验有严重缺陷的商品,要单独存放,防止混杂,等待处理。凡经过外观检验的商品,都应该填写"检验记录单"。外观检验的基本要求是:凡是通过人的感觉器官检验后,就可决定商品质量的,由仓储业务部门自行组织检验,检验后做好商品的检验记录。

(2)对于一些特殊商品,则由专门的检验部门进行化验和技术测定。利用各种专用测试仪器进行货物性质测定,如含水量、密度、黏度、成分、光谱等测试。验收完毕后,应尽快签返验收入库凭证,不能无故积压单据。

(3)运行检验。对货物进行运行操作,如电器、车辆等,检查操作功能是否正常。

3. 数量的验收

数量检验是保证货物数量准确不可缺少的措施。要求货物入库时一次进行完毕。一般在质量验收之前,由仓库保管职能机构组织进行。按商品性质和包装情况,数量检验分为三种方法,即计件法、检斤法、检尺求积法。

(1)计件法。计件是按件数供货或以件数为计量单位的货物,做数量验收时要清点件数。一般计件商品应全部清查件数(带有附件和成套的机电设备须清查主件、部件、零件和工具等);固定包装的小件商品,如包装完好,打开包装对保管不利,所以通常情况下国内货物可采用抽验法,即按一定比例开箱点件验收,可抽验内包装 5%~15%;其他只检查外包装,不拆包检查;贵重商品应酌情提高检验比例或全部检验。进口商品则按合同或惯例办理。

(2)检斤法。检斤法是对按重量供货或以重量为计量单位的商品,做数量验收时的称重。商品的重量一般有毛重、皮重、净重之分。毛重是指商品重量,包括包装重量在内的实重;净重是指商品本身的重量,即毛重减去皮重。我们通常所说的商品重量多指商品的净重。金属材料、某些化工产品多半是检斤验收。按理论换算重量供应的商品,先要通过检尺,例如金属材料中的板材、型材等,然后按规定的换算方法换算成重量验收。对于进口商品,原则上应全部检斤,但如果订货合同规定按理论换算重量交货,则按合同规定办理。所有检斤的商品,都应填写磅码单。

(3)检尺求积法。检尺求积是对以体积为计量单位的商品,例如木材、竹材、沙石等,先检尺,后求体积所做的数量验收。凡是经过数量检验的商品,都应该填写磅码单。在做数量验收之前,还应根据商品来源、包装好坏或有关部门规定,确定对到库商品是采取抽验还是全验方式。

(四)做好验收记录

验收作业结束之后,要认真填写验收单,做好验收作业记录,有情况及时登记并报上级主管部门处理。

五、入库验收过程中的问题处理

在货物验收过程中,如果发现货物数量或质量存在问题,应该严格按照有关制度进行处理。验收过程中发现问题进行处理时,应该注意以下几点。

1. 单据不全的处理

凡验收所需的证件不齐全时,到库货物仍作为待验物资处理,待证件到齐后再进行验收,若条件允许也可提前验收。

2. 单单不符的处理

单单不符是指供货单位提供的质量证明书等与存货单位(货主)提供的入库单不符。遇到这种情况应立即通知货主,并按货主提出的办法处理,但应将全部事实及处理经过记录在案备查。

3. 质量有异的处理

凡规格、质量、包装不符合要求或在途中受损变质者,均称质量有异。此时,应先将合格品验收入库,不合格品分开堆放,做出详细记录,并立即通知货主与发货单位交涉;交涉期间,对不合格品要妥善保管;如货主同意按实际情况验收入库时,应让货主在验收记录上签章。验收后,仍应将不合格品单存、单发,并填写入库验收单。

4. 数量不符的处理

若实际验收数量小于送验数量并小于合同中的磅差率时,则以送验数量为验收数量;若实验数量大于送验数量时,则以送验数量为验收数量;若实验数量小于送验数量并大于合同中的磅差率时,经核实后立即通知货主。在货主未提出处理意见前,该货物不得动用。如供货单位来复磅,验收员应积极配合,提供方便;若供货单位不来复磅,验收员需提供到货登记表、检斤单、检尺单、铁路记录等相关验收证明材料(复印件),并加盖公章。验收过程中如遇严重问题应填写货物异常报告,交货主确认。

5. 有单无货的处理

有单无货是指有关单据已到库,但在规定时间内货物未到。此时,应及时向货主反映,以便查询。

6. 错验的处理

验收员在验收过程中发生数量、质量等方面的差错时,应及时通知货主,积极组织力量进行复验,及时更正。

任务四　入库登记

一、填写入库单

仓库管理人员根据验收的结果,据实填写商品入库单。在填写商品入库单时,应该做到内容完整、字迹清晰并于每日工作结束后,整理入库单的存根联。根据入库商品来源的不同,可以将入库单分为外购商品入库单和成品入库单。

1. 外购商品的入库单

外购商品入库单是指企业从其他单位采购的原材料或产品入库时所填写的单据。它除了记录商品的名称、商品的编号、实际验收数量、进货价格等内容外,还要记录与采购有关的合同编号、采购价格、结算方式等内容。

(1)正确填写采购合同号,以备入库时相关细则可以在相应的采购合同中查阅。

(2)件数。这里的件数指的是采购合同中约定的储存总件数,而不是入库商品的数量。

(3)准确填写入库时间。

(4)商品的名称、品种、型号等按照验收时的结果如实填写,尤其是数量、进货量、实点量和量差以实物验收结果为准。

(5)结算方式参见采购合同。

(6)因为外购商品和采购部门有关,所以需要相应责任人签字。

(7)外购商品入库单一般为一式三联,第一联留做仓库登记实物账;第二联交给采购部门,作为采购员办理付款的依据;第三联交给财务记账。根据不同的需要,也可以适当增加一联,交给送货人员,使其留作商品已经送到的依据。

2. 成品入库单

成品入库单是用以表示企业自己生产的产品存入仓库的凭证。它除了包括商品的基本信息外,还包括产品的生产日期、质量检查等内容。

(1)填写编号。这里的编号是指企业内部成品入库单的编号,只要做到按序编制即可。

(2)填写入库时间。这里需要注意填写的是自制品的入库时间而不是原材料的入库时间。

(3)填写商品的基本信息,包括名称、型号、包装规格、条码、数量、批号、生产日期等信息。

(4)自制品入库仅涉及仓储部门的相关人员,对应签字即可。

(5)产品入库单一般一式三联,一联留做仓库存根记账,一联交生产部门,一联交财务部门核算。

二、立卡

所谓立卡,指商品入库后,仓库保管员将各种商品的名称、数量、规格、质量状况等信息编制成一张卡片,即商品的物料卡,并将卡插放在货架的支架上或货垛的显著位置的过程。"卡"即放在物料垛上直接反映该垛商品的品名、型号规格、单价、进出库动态结存数的保管卡片,又叫料签、物料卡、保管卡。商品在验收完毕、入库上架或码垛时,即应建立卡片,应一架一卡或一垛一卡。卡片应拴挂在货架或货垛上面。卡片应按"入库通知单"所列内容逐项填写。填写时,数据一定要准确、齐全。填写错误时,要用"画红线更正法"予以更改,不得涂改、乱擦。

物料卡是识别商品,保持商品不混不乱,并直接反映商品储存动态的重要标志。物料卡建立以后要加以爱护,保持整洁,不得随意涂画、撕毁或丢弃,也不能将卡片错放。商品入库时应按出入库凭证随时填写,并经常查点实物,保证卡片上结存数与实物相符。卡片记满要换新时,应将结存数进行结转,老卡片要妥善保存,不得随意毁弃。保管员调动时,应按规定办理移交手续,但卡片可连续使用。

三、登记明细账

登记明细账是指建立入库物品明细账。该明细账动态反映商品入库、出库、结存等详细情况,用以记录库存物品动态和出入库过程。该明细账的主要内容有商品名称、数量、规格、累计数或结存数、存货人或提货人、批次、单价、金额、商品的具体存放位置等。仓库物资保管部门负责该明细账的登记和管理,凭此进行货物的进出业务。

登记明细账应遵循以下原则:

(1)登账必须以正式合法的凭证为依据,如商品入库单和出库单、领料单等。

(2)一律使用蓝、黑色墨水笔登账。

(3)记账应连续、完整,要依日期顺序,不能隔行、跳页,账页应依次编号,年末结存后转入新账,旧账页入档妥善保管。

(4)记账时,其数字书写应占空格的三分之二空间,便于改错。

(5)记账发生错误时,要用红字明细账冲销,再重新入账登记更改,不得刮、擦、挖、补。

四、建立商品档案

入库物料验收后,在立卡的同时,必须建立商品档案,即按商品品名、型号、规格、单价、批次等分类立账归档,集中保存记录商品数量、质量等情况的资料、证件和凭证等。建立商品档案的目的是管好技术资料,使其不致散失,便于给用货单位提供材质证明参考。这样,不仅调用查阅方便,便于了解商品在入库前及保管期活动全貌,便于合理的保管商品,还有利于研究和积累保管经验,总结管理规律,为商品的采购和供应商的选择、评估提供全面的参考资料。

商品建档工作要求做到以下三个方面:

(1)商品档案应一物一档,即将同一种商品的各种材料用档案袋存放起来。入库商品的下列资料应归入档案。

1)出厂时的各种凭证、技术资料。

2)入库前运输资料和其他凭证。

3)入库验收记录、磅码单、技术检验证件。

4)入库保管期间的检查、维护保养、溢短损坏等情况的记录和其他资料等。

(2)商品档案应统一编号,并在档案上注明编号、名称和供货厂家,同时在保管实物明细账上注明档案号,便于查阅。

(3)商品档案应妥善保管,应由专人进行保管,存放在专用的柜子里。当商品整进整出时,商品相关技术证件应随物转给收货单位;金属材料的质量保证书等原始资料应留存,而将复制件加盖公章,转给收货单位。当商品整进零发时,其质量证明书可以用复印件加盖公章代用。整个档案应妥善长期保存。

项目四　货物入库作业管理

项 目 小 结

本项目主要介绍入库前的相关准备工作,货物接运的方式,货物入库验收的方法及工作程序,验收过程中的问题处理,立卡与商品档案的建立。做好入库作业是提高仓储作业服务的第一步,严格执行入库作业流程,保证入库作业的顺利进行,提高仓储作业的效益与效率。

【实训作业】

实训一　货物入库作业流程技能训练

1. 重型货架(托盘货架)货位存储信息,如图 4-4 所示。

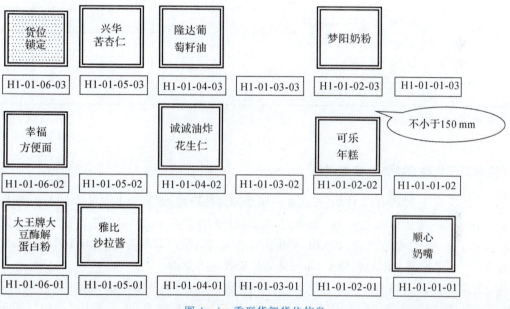

图 4-4　重型货架货位信息

2. 重型(托盘)货架入库任务完成前库存信息,见表 4-4。

表 4-4　库存信息

序　号	货品名称	规　格	单　位	库存量
1	顺心奶嘴	448×276×180 mm	箱	8
2	幸福方便面	586×378×180 mm	箱	5
3	可乐年糕	353×235×180 mm	箱	6
4	雅比沙拉酱	586×378×180 mm	箱	5
5	诚诚油炸花生仁	353×235×180 mm	箱	13
6	大王牌大豆酶解蛋白粉	353×235×180 mm	箱	13

续表

序　号	货品名称	规　格	单　位	库存量
7	梦阳奶粉	353×235×180 mm	箱	13
8	兴华苦杏仁	353×235×180 mm	箱	3
9	隆达葡萄籽油	353×235×180 mm	箱	5

3. 将下列货物完成入库作业，见表 4-5。

表 4-5　入库任务单

入库任务单编号：R20170512　　　　　　　　　　　　　　　　计划入库时间：到货当日

序　号	商品名称	包装规格/mm (长×宽×高)	单价/(元/箱)	重量/kg	入库/箱
1	婴儿纸尿裤	316×211×180	100	5	96
2	顺心奶嘴	448×276×180	100	8	27
3	婴儿美奶粉	498×333×180	100	22	27
4	婴儿湿巾	398×272×180	100	10	40

供应商：万事通达商贸有限公司

实训二　货物验收作业技能训练

1. 一供应商于 2018 年 1 月 20 日送来一车康师傅纯净水，送货单上数量为 600 箱，规格为 1×24(500 mL)，单价为 0.8 元/瓶，金额为 19.2 元/箱，生产日期是 2018 年 1 月 10 日，保质期为 12 个月；一车康师傅方便面，400 箱，单价为 2.5 元/袋，生产日期为 2018 年 1 月 10 日，保质期为半年。如果你是仓库的收货员，你打算怎样验收这批货物。

2. 某供应商于 2018 年 2 月 8 日送来一车旺旺食品，送货单上标明旺旺雪饼数量为 50 箱，规格 1×20 袋(500 g)，单价 22 元/袋，金额 440 元/箱，生产日期为 2018 年 1 月 20 日；旺旺烧米饼 80 箱，规格 1×20 袋(500 g)，单价 32 元/袋，金额 640 元/箱，生产日期为 2017 年 12 月 30 日。这两种食品的保质期都为 9 个月，在收货时，发现其中有 4 件旺旺雪饼外包装破损，5 件旺旺烧米饼外包装有水渍，而且其中有 3 件内包装已经漏气绽开。你作为收货员怎样处理这批有问题的货物。

【课后习题】

一、单选题

1. (　　)是编制入库作业计划的基础和依据，是存货人(供应商)对仓储服务产生需求，并向仓储企业发出需求通知。

A. 入库申请　　　　B. 入库单　　　　C. 仓储合同　　　　D. 仓储计划书

2. (　　)是指仓库在货物正式入库前，按照一定的程序和手续，对到库货物进行数量和外观质量的检查,以验证它是否符合仓储合同规定的一项工作。

A. 仓储作业　　　　B. 搬运作业　　　　C. 入库验收　　　　D. 配送作业

3.( )是商品入库后,仓库保管员将各种商品的名称、数量、规格、质量状况等信息编制成一张卡片,即商品的物料卡,并将卡插放在货架的支架上或货垛的显著位置的过程。

A. 立卡　　　　　　B. 登账　　　　　　C. 记录　　　　　　D. 档案

4.( )是对按重量供货或以重量为计量单位的商品,做数量验收时的称重。

A. 检尺求积法　　　B. 计件法　　　　　C. 检重法　　　　　D 检斤法

5. 入库验收的原则为:及时、准确、( )、安全。

A. 经济　　　　　　B. 合理　　　　　　C. 节约　　　　　　D. 适用

二、多选题

1. 影响入库作业的因素有( )。

A. 供应商的送货方式　　　　　　　　B. 商品的种类、特性与数量
C. 人力资源　　　　　　　　　　　　D. 设备及存货方式

2. 提货的形式有( )。

A. 到车站、码头提货　　　　　　　　B. 到货主单位提取货物
C. 托运单位送货到库接货　　　　　　D. 铁路专用线到货接运

3. 货物接运过程中的注意事项是( )。

A. 破损　　　　　　B. 短少　　　　　　C. 变质　　　　　　D. 错到

4. 入库验收作业的程序为( )。

A. 接单接货验收准备　　　　　　　　B. 进行实物的验收
C. 核对各类凭证　　　　　　　　　　D. 做好验收记录工作

5. 验收的方法主要有( )。

A. 包装验收　　　　B. 质量验收　　　　C. 数量验收　　　　D. 体积验收

三、简答题

1. 简述入库验收的内容。
2. 简述货物接运过程中的注意事项。
3. 简述货物接运的方式。
4. 简述验收过程中的问题处理。

四、计算题

1. 今收到供货商发来入库通知单,计划到货日期为明天上午10点,内容如下:

品名:五金工具　　包装规格:500 mm×300 mm×1 200 mm　　包装材质:松木
单体毛重:50 kg　　包装标识限高:4层　　　　　　　　　　　数量:3 600 箱

如果此批货物露天堆存,你作为仓库管理员请计算出至少需要多大面积的储位?
如果目标存储区域可堆垛宽度限制为5.0 m,计算出计划堆成的货垛的垛长、垛宽及垛高各为多少箱?

注:①堆场地坪荷载:2 000 kg/m²;②垛型要求为重叠堆码的平台垛。

2. 假设仓库单位有效面积平均承载能力为 2.5,储存面积利用系数为 0.4,年有效工作日 300 天,该公司需要建多大的仓库?其中储存区域面积应占多少平方米,仓库的主要技术参数如何设计?

3. 假设该公司采用托盘平布置堆码,平均每托盘堆码货物量为 0.125 t,作业通道占仓库储存区域面积的 35%,该公司需要建多大的仓库?其中储存区域面积应占多少平方米,仓库的主要技术参数如何设计?

4. 假设该公司采用托盘多层叠堆,每托盘平均可码放 16 箱货物,托盘在仓库内可堆码 4 层,该公司需要建多大的仓库?其中储存区域面积应占多少平方米,仓库的主要技术参数如何设计?

5. 假设该公司采用托盘货架储存,货架为 6 层,每只托盘占用一个货格,每货格放入货物后的左右间隙分别为 5 cm,每只托盘可码放 16 箱货物,该公司需要建多大的仓库?其中储存区域面积应占多少平方米,仓库的主要技术参数如何设计?

项目五　货物在库作业管理

知识目标：

1. 掌握货物的储位安排。
2. 了解货物的堆码与苫垫。
3. 掌握商品保管与养护的内容与方法。
4. 掌握商品盘点的内容和方法。

技能目标：

1. 会对入库的货物进行储位的安排和编码。
2. 熟悉库存货物的养护方法和内容。
3. 会进行货物的盘点作业。

▶ **案例导入**

某物流企业位于深圳市福田保税区内，拥有28 000 m² 的保税仓库。在职员工约40名，包括5名管理人员、10名左右的叉车工人和搬运工人，另外还有报关员、报检员、客户服务人员、仓库管理员、勤杂人员（含门卫和设备检修人员）等约20人。拥有5辆燃气动力的叉车，15台电动叉车（用蓄电池驱动），2个大型货运电梯，有能同时容纳10多个车位的车辆停靠月台。该企业选择进入保税区，占有得天独厚的地理优势。为吸引客户，公司还提供了装车、卸车、拼柜/拼箱，对物品进行贴标、缩膜/打板、换包装、简单加工（如分包、重新组合包装、简单装配）等多种物流增值服务。

该物流企业的主要客户包括日本理光国际通运有限公司、华立船务有限公司、伯灵顿国际物流有限公司、华润物流等近百家外资、港资物流企业和分布于珠三角地区的制造企业。仓储货物按物品自然特性区分，多为一般货物，此外还有少量的特殊货物（包括化学药剂、危险物品、生鲜货物等）对仓储设备及条件要求极高。

该物流企业的仓库主要是平面仓，有部分库区采用立体货架。仓库内以托盘为基本搬运单位，用叉车（以及地牛）进行进出库搬运和库内搬运。一楼是越仓区，有5辆燃气动力的叉车。二楼到十楼为储存区，每层都有1~2台电动叉车。仓库内有2部大型货运电梯，车辆停靠的月台能停靠货柜车、箱式车等多种型号的运输车辆，经常能够看到大量货物排队进出库现象，有时会有很多车辆将通道堵得水泄不通，致使整个仓库瘫痪。

该公司仓库管理层人员多为运输企业分流人员，管理方法和手段较为传统，操作层人员多是外部招聘而来的短期合同工。针对这些问题,请你给出一些有效的建议。

分析:

该公司有很多优势,包括地理位置、保税仓库及面积、优质客户、业务量充足。

问题:①虽然表面上看设备不少,但实质上设备缺口严重,燃气和电动叉车总共只有15台,但月台可同时容纳十多辆车停靠,二楼到十楼为储存区,每层只有1~2台电动叉车,明显看出设备的短缺;②货位布置不合理,作业通道标注不清晰,管理水平较低;③员工数量短缺,人员素质低下;④作业管理方法和手段较为传统和落后;⑤客户数量太多、太杂。

建议:①购置适宜、适量的设备。②应该考虑货物的特性和物动量。根据货物的特性分区分类储存,将特性相近的货物集中存放,将物动量高的货物放在方便出入库的地方。③公开招聘员工,并进行专业培训和考核再上岗。④出入库选择先进的技术手段如条码、射频识别技术以提高作业效率。⑤争取更多利润贡献率高的优质客户,淘汰利润贡献率低的客户。

货物在库,是指货物在入库之后、出库之前处于保管与储存的阶段。货物的保管与储存,是仓储管理工作的主要职能和中心环节。货物保管与储存业务的主要内容包括:库房分类、货位分区;正确运用堆码和苫垫技术,合理存放货物;科学养护好库存物品;对库存货物进行日常检查等。

任务一　货物的储位安排

一、储位安排的方式

储位安排是指按照货物自身的理化性质与储存要求,根据分库、分区、分类的原则,将入库商品存放在固定区域与位置。入库货物主要有以下几种存放方式。

1. 地面平放式

将保管的货物直接堆放在地面上进行保管。

2. 托盘平放式

将货物直接放在托盘上,再将托盘平放于地面上进行保管。

3. 直接堆码式

将货物在地面上直接码放,堆积成各种垛形进行保管。

4. 托盘堆码式

将货物直接堆码在托盘上,再将托盘堆放在地面上进行保管。

5. 货架存放式

将货物码放在托盘上,然后用叉车把托盘托起,存放到高层货架上。

二、储位安排的目标

合理有效地对仓储货物进行存放,不仅可以很好地保护货物,而且能够节约仓储面积,提高仓库的经济效益。储位安排主要有以下几个目标:

(1)缩短行动距离,即缩短仓储员在仓库内取货的行动距离。
(2)平衡仓库员工的工作量,使仓库员工工作分配更加均衡。
(3)缩短存放、提取货物的时间,提高了取货的效率,减少成本,增加利润。

三、储位安排的原则

1.面向通道的原则

将货物面向通道保管,便于货物在仓库内的移动、存放和取出。

2.先进先出的原则

根据入库时间确定发货时间,避免发生货物在库期间过期变质或损耗的现象。

3.同类归一的原则

同类货物存放于相同或相近的位置,便于分拣,提高仓储作业效率。

4.周转频率对应的原则

依据收发货的不同频度来确定货物的存放位置,便于搬运和提高仓储作业效率。物动量高的货物尽量往仓库出口或货架的低层存放,物动量低的货物尽量往仓库的里面或货架的高层存放。

5.重量对应的原则

根据货物重量确定存入位置和保管方法,重物放于地面或货架低层,轻物放在货架上层,便于分拣。

6.形状对应的原则

根据货物形状确定存放位置与保管方法。包装标准化的货物堆放在货架上保管。

7.标记明确的原则

对保管货物的品种、数量和保管位置做明确详细的标记,以便提高货物存放、拣出的效率。

8.分层堆放的原则

利用货架等设备对货物进行分层堆放管理,这样有利于提高仓库的利用率,保证货物不受挤压与作业的安全性。

四、储位安排的注意事项

1.仓库空间的有效使用

合理利用空间是仓库在储存货物时需要注意的问题。虽然仓库空间向上发展带来了货物搬运工作困难、盘点困难等问题,但在今天堆垛技术日新月异、堆垛设备种类繁多且非常普及的情况下,仓库空间向上发展已经不再成为问题。堆垛的方法多为利用料架。例如,驶出/驶入手式料架便可叠好 10 m 以上,而窄道式料架更可叠 15 m 左右。利用这些可叠很高的料架把重量较轻的货物存放于上层,而把较笨重的货物存放于下层,或借助托盘来多层堆放以提高储物量,增加仓储利用空间。

2.平面区域的有效利用

在空间的利用上,如果能有效利用二维平面区域,就可以争取到三维空间的最大利用。要提升仓库的平面使用效率可以从以下几个方面考虑：

(1)在角落设置非储存空间。所谓非储存空间就是厕所、楼梯、办公室、清扫工具等设施，应尽量把这些地方设置在保管区域的角落或边缘，以免影响保管空间的整体性，增加储存货物的保管空间。

(2)采用方形货架。货架的安装设置尽量采取方形的配置，以减少因料架安置而剩下一些无法使用的空间。

(3)减少通道面积。减少通道面积，也就增加了保管面积，但可能会因为通道的变窄、变少而影响作业车辆通行及回转。在空间利用率与作业影响二者中，应该根据实际情况选取平衡点，不要因为一时扩展保管空间而影响整个作业的方便性。一般做法是把通道宽度设定成保管区中搬运车辆穿行的最小宽度，再另设一较宽通道区域以供搬运车辆回转。

(4)采用自动化仓库。自动化仓库在空间的使用效率上是最高的，但并不表示它就是最佳选择方案。对于自动化仓库的选用必须先经过论证，了解仓库货物的特性和货量的大小、出入库的频率以及货物单位化的程度，再决定是否采用自动化仓库。

任务二 货物堆码与货物的苫垫

一、货物堆码

堆码也称堆垛。堆垛就是根据货物的包装形状、重量和性能特点，结合地面负荷、储存时间，将商品分别堆码成各种垛形。货物验收入库，根据仓库储存规划确定货位后，即进行堆垛。采用妥善的堆垛技术是货物保管和养护中一项重要工作，也是搞好仓储管理的一个重要环节。

(一)货物堆码的基本要求

1. 合理

垛形必须适合货物的性能特点，不同品种、型号、规格、牌号、等级、批次、产地、单价的货物，均应该分开堆垛，以便合理保管。合理确定堆垛之间的距离和走道宽度，便于装卸、搬运和检查。堆垛要按照仓库的"五距"要求：

(1)垛距：货垛间距一般为 0.5～0.8 m。
(2)墙距：垛与墙的间距一般不小于 0.5 m。
(3)柱距：垛与室内柱的距离一般不小于 0.3 m。
(4)灯距：垛与室内灯之间的距离一般不小于 0.5 m。
(5)顶距：垛与屋顶之间的距离一般不小于 0.5 m。

此外，库内主要通道宽度约为 2.5～4 m，如图 5-1 所示。

2. 牢固

货垛必须不偏不斜、不歪不倒，不压坏低层的货物和地坪，与屋顶、梁柱、墙壁保持一定距离，确保堆垛牢固安全。

3. 定量

每行每层的数量力求为整数，过秤货物不成整数时，每层应该明显分隔。

4. 整齐

货垛应按一定的规格、尺寸叠放,排列整齐、规范。货物包装标志应一律朝外,便于查找。

5. 节约

堆垛时应注意节省空间位置,适当、合理地安排货位的使用,提高仓容利用率。

6. 方便

货垛行数、层数,力求成整数,便于清点、收发作业。若过秤商品不成整数时,应分层标明重量。

图 5-1

(二)货物堆码的准备工作

货物堆码前,必须做好堆码的准备工作,然后才能进行堆码。准备工作主要有以下内容。

(1)按货物的数量、体积、重量和形状,计算货垛的占地面积、垛高以及计划好垛形。对于箱装、规格整齐划一的货物,占地面积可参考下面的公式计算:

$$占地面积=(总件数/可堆层数)\times 每件货物底面积$$
$$可堆层地数=地坪单位面积高负荷量/单位面积重量$$
$$单位面积重量=每件货物毛重/该件货物底面积$$

在计算占地面积、确定垛高时,必须注意上层货物的重量不超过低层货物或其容积可负担的压力。整个货垛的压力不超过地坪的容许载荷量。

(2)做好机械、人力、材料准备。垛底应该打扫干净,放上必备的垫墩、垫木等垫垛材料。如果需要密封货垛,还要准备好密封货垛的材料。

(三)堆码的基本形式

1. 散堆法

散堆法适用于露天存放的没有包装的大宗物品,如煤炭、矿石、木材等,也适用于库内少量存放的谷物、碎料等散装物品。

散堆法是直接用堆扬机或者铲车在确定的货位后端起,直接将物品堆高,在达到预定的货垛高度时,逐步后推堆货,后端先形成立体梯形,最后成垛。由于散货具有流动性、散落性,堆货时不能堆到太近垛位四边,以免散落使物品超出预定的货位。

2. 就地堆码的形式

(1)重叠式。重叠式也称直推法,是逐件、逐层向上重叠堆码,一件压一件的堆码方式。为了保证货垛的稳定性,在一定层数后改变方向继续向上,或者长宽各减少一件继续向上堆放。该方法方便作业、计数,但稳定性较差,适用于袋装、箱装、箩筐装物品,以及平板、片式物品等,如图5-2所示。

图5-2 重叠式

(2)纵横交错式。纵横交错式是指每层物品都改变方向向上堆放,适用于管材、捆装、长箱装物品等。该方法较为稳定,但操作不便,如图5-3所示。

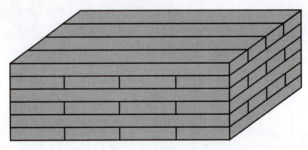

图5-3 纵横交错式

(3)仰伏相间式。对上下两面有大小差别或凹凸的货物,如槽钢、钢轨等,将物品仰放一层,在反一面伏放一层,仰伏相向相扣。该垛极为稳定,但操作不便,如图5-4所示。

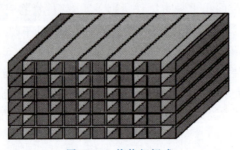

图5-4 仰伏相间式

(4)压缝式。将底层并排摆放,上层放在下层的两件货物之间,如图5-5所示。

图5-5 压缝式

(5)通风式。货物在堆码时,任意两件相邻的物品之间都留有空隙,以便通风。层与层之间采用压缝式或者纵横交错式。通风式可以用于所有箱装、桶装以及裸装物品堆码,起到通风、防潮、散湿、散热的作用,如图5-6所示。

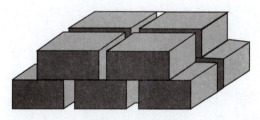

图5-6 通风式

(6)栽柱式。码放货物前先在堆垛两侧栽上木桩或者铁棒,然后将物品平码在桩柱之间,几层后用铁丝将两边相对的桩柱拴连,再往上摆放物品。此法适用于棒材、管材等长条状物品,如图5-7所示。

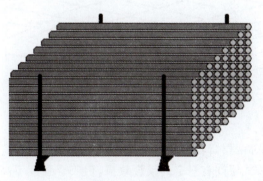

图5-7 栽柱式

(7)衬垫式。码货时,隔层或隔几层铺放衬垫物,衬垫物平整牢靠后,再往上码。该法适用于不规则且较重的物品,如无包装电机、水泵等。

(8)"五五化"堆垛。"五五化"堆垛就是以五为基本计算单位,堆码成各种总数为五的倍数的货垛。以五或五的倍数在固定区域内堆放,使货物"五五成行""五五成方""五五成包""五五成堆""五五成层",堆放整齐,上下垂直,过目知数。该法便于货物的数量控制、清点盘存,如图5-8所示。

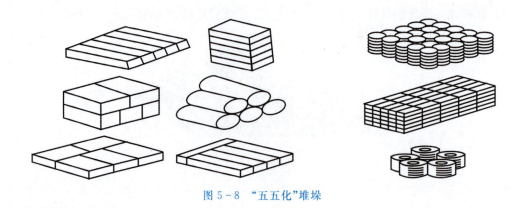

图 5-8 "五五化"堆垛

3. 托盘堆垛的形式

将散装或散件货物用托盘、货箱或捆扎等方法,组合成若干个较大的集装单元。其装盘码垛的方法有以下 4 种:

(1)重叠式。即各层码放方式相同,上下对应,各层之间不交错堆垛。这种方式的优点是工人操作速度快,包装物四个角和边重叠垂直,承载力大。缺点是各层之间缺少咬合作用,稳定性差,容易发生塌垛。在货体底面积较大情况下,采用这种方式可有足够的稳定性。重叠式码放再配以各种紧固方式,不但能保持稳固而且保留了装卸操作省力的优点,如图 5-9 所示。

托盘堆垛的四种形式

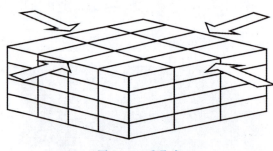

图 5-9 重叠式

(2)纵横交错式。相邻两层货物的摆放旋转 90°,一层呈横向放置,另一层呈纵向放置,层间纵横交错堆垛。这种方式层间有一定的咬合效果,但咬合强度不高。重叠式和纵横交错式较适合自动装盘操作,如图 5-10 所示。

图 5-10 纵横交错式

(3)正反交错式。同一层中,不同列的货物以 90°垂直码放,相邻两层的货物码放形式是另一层旋转 180°的形式。这种方式不同层间咬合强度较高,相邻层之间不重缝,码放后稳定性很高,但操作较为麻烦,如图 5-11 所示。

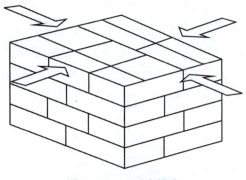

图 5-11　正反交错式

(4)旋转交错式。第一层相邻的两个包装体都互为 90°,两层间的码放又相差 180°,这样相邻两层之间咬合交叉,托盘货体稳定性较高,不易塌垛。其缺点是码放难度大,而且中间形成空穴,会降低托盘载装能力,如图 5-12 所示。

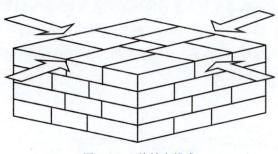

图 5-12　旋转交错式

(四)垛型与堆垛的基本要求

1. 垛型

(1)平台垛。平台垛是先在底层以同一方向平铺一层货物,然后垂直继续向上堆积,每层货物的件数、方向相同,垛顶呈现平面,垛形为长方体。当然在实际堆垛时并不采用层层加码的方式,往往从一端开始,逐步后移。平台垛适用于包装规格单一的大批量货物、包装规则能够垂直叠放的方形箱装货物、大袋货物、规则的软袋成组货物、托盘成组货物。平台垛只是用在仓库内和无须遮盖的货物码垛,如图 5-13 所示。

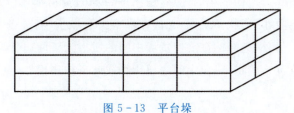

图 5-13　平台垛

平台垛具有整齐、便于清点、占地面积小、堆垛作业方便等优点。但该垛型的稳定性较差，特别是小包装、硬包装的货物有货垛端头倒塌的危险，在必要时（如太高、长期堆存、端头位于主要通道等情况）要在两端采取加固措施。对于堆放很高的轻质货物，往往在堆码到一定高度后，向内收半件货物后再向上堆码，以保证货垛稳固。

(2)梯形垛。梯形垛是在最底层以同一方向排放货物的基础上，向上逐层同方向减数压缝堆垛，垛顶呈平面，整个货垛呈下大上小的立体梯形形状。梯形垛用于包装松软的，如横放的桶装、卷形捆装货物。梯形垛极为稳固，可以堆放得较高。对于在露天堆放的货物可采用梯形垛，为了排水需要也可以在顶部起脊，如图 5-14 所示。

图 5-14 梯形垛

(3)行列垛。行列垛是将每票货物按件排成行或列排放，每行或列为一层或数层高，垛型呈现长条形。行列垛用于存放批量较小货物的库场码垛使用，如零担货物。为了避免混货，每批独立开堆存放。长条形的货垛使每个货垛的端头都延伸到通道边，可以直接作业而不受其他货物的阻挡。但每垛货量较少，垛与垛之间都需留空，垛基小而不能堆高，使得行列垛占用库场面积大，库场利用率较低（见图 5-15）。

图 5-15 行列垛

(4)起脊垛。起脊垛是先按平台垛的方法码垛到一定的高度，以卡缝的方式逐层收小，将顶部收尖成屋脊形。起脊垛是用于堆场堆货的主要垛型，货垛表面的防雨遮盖从中间起向下倾斜，便于雨水排泄，防止雨水淋湿货物。起脊垛是平台垛为了遮盖、排水的需要而产生的变形，具有平台垛操作方便、占地面积小的优点，适用平台垛的货物都可以采用起脊垛堆垛。但是起脊垛由于顶部压缝收小，形状不规则，无法在垛堆上清点货物，顶部货物的清点需要在堆垛前以其他方式进行。另外，起脊的高度使货垛中间的压力大于两边，因而采用起脊垛时库场使用定额要以脊顶的高度来确定，以免中间底层货物或库场被压损坏（见图 5-16）。

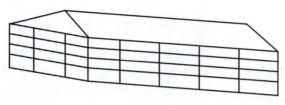

图 5-16 起脊垛

(5)梅花垛。对于需要直立存放的大桶装货物,将第一排(列)货物排成单排(列),第二排(列)的每件靠在第一排(列)的两件之间卡位,第三排(列)同第一排(列)一样,然后每排(列)依次卡缝排放,形成梅花垛(见图 5-17)。梅花垛货物摆放紧凑,充分利用了货件之间的空隙,节约库场面积。

图 5-17 梅花垛

(6)井型垛。井型垛用于长形的钢材、钢管及木方的堆码。它是在以一个方向铺放一层货物后,再以垂直的方向铺放第二层货物,货物横竖隔层交错逐层堆放。垛顶呈平面,井型垛垛型稳固,但层边货物容易滚落,需要捆绑或者收进(见图 5-18)。井型垛的作业较为不便,需要不断改变作业方向。

图 5-18 井型垛

2. 堆垛的基本要求

(1)合理。根据不同的货物和保管条件,确定不同的堆码方式。对不同品质、规格牌号、等级、批次、产地、单价的货物,应分开堆码。堆码时要分清先后次序,贯彻"先进先出"的原则。

(2)牢固。货垛必须不偏不斜、不压坏底层货物,确保堆垛安全、牢固。

(3)定量。每行每层数量力求达到整数,方便计数。

(4)整齐。垛型应有一定的规格。货物的包装标记和标志一律朝外。

(5)节约。堆垛时要考虑节省货位,提高仓容利用率,节约劳动消耗。

(6)方便。堆垛时必须考虑到检查、拆垛、分拣和发货等作业的方便,保证装卸作业的安全,并有利于提高堆码作业的机械化水平(见图 5-19)。

图 5-19 堆垛的基本要求

3. 特殊货物的堆垛要求

(1) 危险品的堆垛要求。危险品在堆存时应根据其性质和包装确定合适的堆放垛型和货垛大小,其中桶装危险品不得超过 3 个桶高,袋装货不得超过 4 m。库场内的危险货物之间以及和其他设备之间必须保持必要的间距,其中:货垛顶距离灯具不小于 1.5 m;货垛距墙不小于 0.5 m;货垛之间不小于 1 m;消防器材、配电箱内禁止堆货或放置其他物品;仓库内消防通道不小于 4 m,货场内的消防主通道不小于 6 m。危险品堆叠时要整齐,堆垛稳固,标志朝外,不得倒置。货堆头悬挂标有危险品编号、品名、性质、类别、级别、消防方法的标志牌。

(2) 冷货的堆垛要求。存期长的货物存放在库里端,存期短的货物存放在库门附近,易升温的货物接近冷风口或排管附近。根据货物或包装形状合理采用垂直叠垛或交叉叠垛,如冻光猪要肉皮朝下、头尾交错、腹背相连、长短对弯、码平码紧。货垛不能堵塞或者影响冷风的流动,避免出现冷风机短路。堆垛间距要求为:①低温冷冻库货垛距顶棚 0.2 m;②高温冷藏库货垛距顶棚 0.3 m;③距顶排水管下侧 0.3 m;④距顶排水管横侧 0.3 m;⑤距未装设墙冷排管的墙壁 0.2 m;⑥在冷风机周围 1.5 m。

(3) 药品的堆垛要求。①货垛与墙的间距一般不小于 0.3 m。②货垛与柱的间距一般不小于 0.3 m。③顶距一般规定为:平房仓库 0.3~0.5 m;多层建筑仓库底层与中层 0.2~0.5 m;顶层不得低于 0.3 m;人字屋架无天花板的仓库,货垛顶层不能顶着天平木下端,应保持 0.3 m 以上的距离。④灯距必须保持在 0.5 m 以上。⑤垛距视货品性能、储存场所条件、养护与消防要求、作业需要而定,一般情况下货垛间距为 1 m 左右。⑥货垛与地面的距离不小于 0.1 m。

二、货物的苫垫

苫盖一般是指对堆放在露天货场的货物,为避免直接日晒和风雨霜雪的侵损所采取的保护措施。库房、货棚中有些货物需要防尘也可做简单的苫盖。通常使用的苫盖材料有塑料布、席子、油毡纸、铁皮、苫布等,

货物的苫垫

也可以利用一些商品的旧包装材料改制成苫盖材料,如图 5-20 所示。

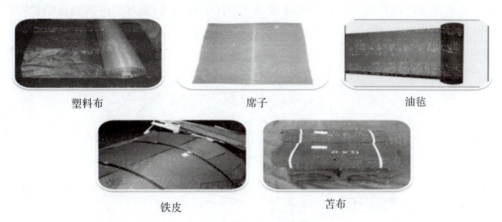

图 5-20 苫盖材料

(一)苫盖的基本要求

苫盖的目的是给物品遮阳、避雨、挡风、防尘。苫盖的基本要求如下:

(1)选择合适的苫盖材料。选用防火、无害的安全苫盖材料;苫盖材料不会对物品产生不良影响;成本低廉,不易损坏,能重复使用,没有破损和霉变。

(2)苫盖牢固。每张苫盖材料都需要固定牢固,必要时在苫盖物外用绳索、绳网绑扎或者用重物镇压。

(3)苫盖的接口要有一定深度的互相叠盖,不能迎风叠口或留空隙,苫盖必须拉挺、平整,不得有折叠和凹陷,防止积水。

(4)苫盖的底部与垫垛齐平,不腾空或拖地,并牢固地绑扎在垫垛外侧或地面的绳桩上,衬垫材料不露出垛外,以使雨水顺延渗入垛内。

(5)使用旧的苫盖物或在雨水丰沛季节,垛顶或者风口需要加层苫盖,确保雨淋不透。

(二)苫盖的方法

1. 垛形苫盖法

用苫布把整个货垛遮盖起来,不留空隙,垛顶斜面必须平整,以免下雨时低凹地方积水渗入垛内使货物受损。垛底的枕木、石块不可露在苫布外面,以防雨水顺延渗入垛内。苫好后,要把苫布上的绳子紧拴在下面石墩上或地面特设的拉攀(石柱、铁环等)上,以免被大风掀起。堆垛大小,要根据苫布面积而定,如垛大布小,就要用两块或几块苫布连接,苫布连接处要放宽重叠部分(一般要求在 1.5 m),上面那块在外,下面那块在内,以防止雨水从连接处渗入货垛(见图 5-21)。

图 5-21 垛形苫盖法

2. 鱼鳞式苫盖法

该方法通常是指用芦席或草席自货垛底部逐渐向上作围盖,盖好后外形似鱼鳞状的方法,可防止漏雨,如图 5-22 所示。

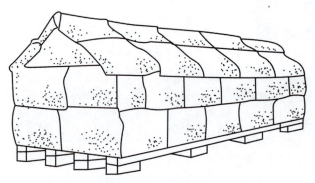

图 5-22 鱼鳞式苫盖法

3. 棚架苫盖法

这是以粗竹竿在垛顶搭起人字架子(人字架搭多少,据货垛长度而定,一般以每隔 1 m 放一个为宜,货垛两端必须要放),再在人字架上苫盖席子(席子要上外下内,一直往下顺延,层层连接,直至整个货垛全部遮满)的方法。该方法分为活动棚架苫盖法和固定棚架苫盖法两种,如图 5-23 所示。

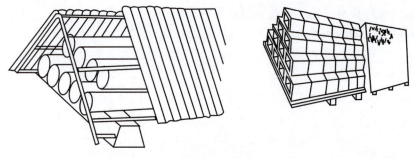

图 5-23 棚架苫盖法

4. 隔离苫盖法

这种方法主要适用于怕热、怕潮货物。操作时,垛间可用席片、竹片隔离;垛围可用席片反转向上层钉牢,使货垛与席片之间留有一定空隙,起到散热、散潮作用(见图 5-24)。

图 5-24 隔离苫盖法

(三)垫垛

垫垛就是在货物堆垛前,根据货垛的形状、底面积大小、货物保管养护的需要、负载重量等要求,预先铺好垫垛物的作业。常见的衬垫物有枕木、废钢轨、木板、帆布、芦席、钢板等,现在也有用堆垛架、托盘的。

1. 垫垛的目的

(1)使地面平整。
(2)使堆垛物品与地面隔开,防止地面潮气和积水浸湿物品。
(3)通过强度较大的衬垫物使重物的压力分散,避免损坏地坪。
(4)使地面杂物、尘土与物品隔开。
(5)形成垛底通风层,有利于货垛通风排湿。
(6)使物品的泄露物留存在衬垫之内,防止流动扩散,以便于收集和处理。

2. 垫垛的方法

(1)露天货场垫垛。货场在使用前,必须平整、夯实,四周开挖明沟,便于排除积水。货场上堆放的货垛体积和重量比较大,所以要选择较坚固耐压的垫垛材料,如枕木、水泥块、花岗石等。垫垛高度应视气候条件和防汛要求而定,一般应不低于 50 cm,地势低洼和可能积水的场地则要适当加高。垫垛贴地面一层,可放花岗石或水泥条(垫木贴面容易腐烂),上面再架设垫木或垫木架。要注意垫木或垫木架不能露在货垛外面,以防雨水顺着垫木流进货垛。

(2)底层库房垫垛。垫垛材料一般都用垫板、垫架、花岗石等,有时也用稻糠。垫底时,要注意垫底材料的排列方向,第一层垫木或石块的空隙要对准走道或门窗以利垛底迎风、散潮。对于比较怕潮的物品,还需在垫木架上加铺油毛毡、芦席或防潮纸等隔潮材料,以阻止地坪潮气侵入物品。垫底高度视仓间地坪标高而定,一般要求为 30 cm。使用垫木、垫架或石块等材料垫底时,要求与走道、支道成直线,以保持走道、支道畅通和仓间整齐。

3. 垫垛的基本要求

(1)所使用的衬垫物与拟存物品不会发生不良影响,并具有足够的抗压强度。
(2)地面要平整坚实,衬垫物要摆放平整,并保持同一方向。
(3)衬垫物间距适当,直接接触物品的衬垫面积与货垛底面积相同,衬垫物不伸出货垛外。
(4)要有足够的高度,露天堆场要达到 0.3~0.5 m,库房内 0.2 m 即可。

任务三 货物的养护作业

一、科学合理控制仓库温湿度

影响仓库货物质量变化的环境因素有很多,其中重要的是仓库的温湿度。货物对温度和湿度都有一定的适应范围。如果超过此范围就会产生不良的影响,甚至会发生质的变化。过高、过低的温度和过于潮湿的空气,对货物的储存和养护都是不利的。因此,货物养护的首要问题就是采用科学的方法控制与调节温湿度,使之适合货物的储存,以保证货物的完好无损。

(一)密封

密封,就是利用防潮、绝热、不透气的材料把货物尽可能严密地封闭起来,减少或阻止外界不良气候和其他不利因素的影响,以达到安全保管的目的。密封能保持库内温湿度处于稳定的状态。采用密封的方法,要和通风、吸潮结合运用,如运用得当,可以收到防潮、防霉、防热、防溶化、防干裂、防冻、防锈蚀和防虫等多种效果。

商品的养护

1.密封的方法

(1)整库密封。该方法适用于储存量大、进出不频繁或整进整出的商品。整库密封时,地面可采用水泥、沥青、油毛毡等制成的防潮层隔潮,墙壁外涂防水砂浆,墙壁内涂沥青和油毛毡,库内做吊平顶,门窗边缘使用橡胶条密封,在门口可用气帘隔潮。

商品养护的基本要求

(2)整垛密封。这种密封方法适用于临时存放的、怕潮易霉或易干裂的货物。未经干燥处理的新仓库里面货物在储存时也必须实行分垛密封保管。在密封过程中,先用塑料薄膜或苫布垫好底,然后再将货垛四周围起,以减少气候变化对货物的影响。

(3)整柜密封。该方法适用于出入库频繁、零星而又怕潮易霉、易干裂、易生虫、易锈蚀的货物。在储存时可在货柜内放一容器,内装硅或氯化钙等吸湿剂,以保持货柜内干燥,若要防虫,还应在货柜内放入适量的驱虫剂。

(4)整件密封。该方法主要是将货物的包装严密地进行封闭,一般适用于数量少、价值小的易霉、易锈蚀货物。多数易潮、生霉、溶化、生锈的商品,都适宜先用塑料袋按件包装,再加热封口,或放在包装箱、包装桶内。总之,要根据货物养护的需要,结合气候情况与储存条件,因地制宜,就地取材,灵活运用。

不过,密封只有控制库房温度的作用,而没有调节的作用。密封是相对的,在出现不适宜温湿度的情况下,还必须进行调节。因此只靠密封一种措施是不能达到使库房温湿度适宜的目的的,必须和其他措施相结合。

2.密封保管的注意事项

(1)在密封前要检查货物的质量、温度和含水量是否正常,如发生生霉、生虫、发热、水淞等现象就不能进行密封;若发现货物含水量超过安全范围或包装材料过潮,也不宜密封。

(2)要根据货物的性能和气候情况来决定密封的时间。怕潮、怕溶化、怕霉的货物应选择在相对湿度较低时节进行密封。

(3)常用的密封材料有塑料薄膜、防潮纸、油毡和芦席等。这些密封材料必须干燥清洁,无异味。

(二)通风

通风就是根据空气流动的规律,利用库内外空气温度不同而形成的气压差,使库内外空气形成对流,从而达到调节库内温湿度的目的。

1.通风方式

(1)自然通风。自然通风就是打开库房门窗和通风口,让库内外空气自然交换,既可以降温除潮,又可以升温增潮,而且可以排除库内的污浊空气。夏天气温较高,天晴时可在凌晨和夜晚通风,雨天不能通风。库内湿度较高时,可通风散潮,一般在上午通风,但要注意此时库外湿度要低于库内。

(2)机械通风。机械通风是利用鼓风机、电扇等送风或排风,以加速空气交换,达到降温散潮的目的。为提高工作效率,通常也可将自然通风和机械通风配合使用。

2. 通风时机

仓库通风必须选择最适宜的时机,如果通风时机不当,不但不能达到通风的预期目的,而且有时甚至会出现相反的结果。

3. 通风应注意的问题

(1)在一般情况下,应尽可能利用自然通风,只有当自然通风不能满足要求时,才考虑机械通风。

(2)在利用自然通风降湿的过程中,应注意避免因通风产生的副作用。

(3)机械通风多采用排出式,即在排气口安装排风扇。

(4)通风机械的选择,应根据实际需要与可能,并要考虑经济实用。

(5)通风必须与仓库密封相结合。

(三)除湿

当库内湿度过高、不适宜货物保管,而库外湿度也过大、不宜进行通风散潮时,就需要进行除湿。除湿的方法主要如下:利用冷却方法使水汽在露点温度下凝结分离;利用压缩法提高水汽压,使之超过饱和点,成为水滴而被分离除去;使用吸附剂吸收空气中的水分。

二、货物霉腐及其防治

货物的霉腐是指货物在储存期间,由于受到某些微生物的作用所引起的生霉、腐烂、腐败和腐臭等质量变化的现象。

(一)常见的易霉腐货物

霉变是仓库货物的主要质量变化形式,霉变产生的条件有商品受到霉变微生物污染,其中含有可供霉变微生物利用的营养成分,处在适合霉变微生物生长繁殖的环境下。常见的易霉腐商品有以下几类:

1. 食品

饼干、糕点、食糖、罐头、酱醋、鲜蛋、肉类和鱼类。

2. 药品

各种糖浆、蜜丸、以葡萄糖等溶液为主的针剂、以动物胶为主的膏药、以淀粉为主的片剂和粉剂。

3. 纺织品

棉、毛、麻、丝等天然纤维及其各种制品。

4. 工艺品

竹、木、麻、草制品，绢画、绢花、绒绣和核雕等。

5. 日用品

各种化妆品等。

6. 皮革品

各种皮鞋、皮靴、皮包、皮衣和皮箱等。

(二)货物霉腐的防治

1. 常规防霉

常规防霉可以采用低温防霉法和干燥防霉法。低温防霉法就是根据货物的不同性能，控制和调节仓库温度，使货物温度降至霉菌生长繁殖的最低温度界限以下抑制其生长；干燥防霉法就是降低仓库环境中的湿度和货物本身的含水量，使霉菌得不到生长繁殖所需要的水分，达到防霉变的目的。

2. 药剂防霉

药剂防霉是将对霉变微生物具有杀灭或抑制作用的化学药品撒在或喷到货物上，如苯甲酸及其钠盐可对食品防腐，拖布津可对果蔬防腐保鲜，水杨酰苯胺及五氯酚钠等可对各类日用工业品及纺织品、服装鞋帽等防腐。

3. 气相防霉

气相防霉就是利用气相防霉剂散发出的气体，抑制或毒杀货物的霉菌。这是一种较先进的防霉方法。用法是把挥发物放在货物的包装内或密封垛内。对已经发生霉变但可以救治的货物应立即采取措施，根据货物的性质可选用晾晒、加热消毒、烘烤、熏蒸等方法，以减少损失。

三、金属制品锈蚀的防治

金属制品在储存期间发生锈蚀，不但影响外观，造成货物陈旧，而且使其机械强度下降，从而降低其使用价值，甚至导致报废。如各种刀具因锈蚀使其表面形成斑点、凹陷，难以平整并保持锋利；精密器具锈蚀，可能影响其使用的精确度。因此，要对金属类的货物进行妥善保管和养护。做好金属制品的防锈主要从以下几个方面进行。

(一)选择适宜的保管场所

保管金属制品的场所，无论是库内库外，均应清洁干燥。不得与酸、碱、盐、气体和粉末类商品混存。不同种类的金属制品在同一地点存放时，也应有一定的间隔距离，防止发生接触腐蚀。

(二)保持库房干燥

库房相对湿度在60%以下，就可以防止金属制品表面凝结水分，生成电解液层而使金属制品电化学腐蚀。但相对湿度60%以下较难达到，一般库房应控制在65%～70%。

(三)塑料封存

塑料封存就是利用塑料对水蒸气及空气中腐蚀性物质高度隔离的性能,以防止金属制品在环境因素作用下发生锈蚀。常用的方法有以下几种:

1. 塑料薄膜封存

将塑料薄膜直接在干燥的环境中封装金属制品或封入干燥剂,以保持金属制品的长期干燥,不至于锈蚀。

2. 收缩薄膜封存

将薄膜纵向或横向拉伸几倍,处理成收缩性薄膜,使得包装商品时紧紧黏附在商品表面,既防锈又可减少包装体积。

3. 可剥性塑料封存

以塑料为成膜物质,加入增塑剂、稳定剂、缓蚀剂及防霉剂等加热熔化或熔解,喷涂在金属表面,待冷却或挥发后在金属表面可形成保护膜,阻隔腐蚀介质对金属制品的作用,从而达到防锈的目的。

4. 涂油防锈

涂油防锈是金属制品防锈的常用方法。它是在金属表面涂刷一层油脂薄膜,使商品在一定程度上与空气隔离开来,达到防锈的目的。这种方法省时、省力、节约、方便且防锈性能较好。涂油防锈一般采取按垛、按包装或按件涂油密封。涂油前必须清除金属表面的灰尘污垢,涂油后要及时包装封存。

5. 气相防锈

气相防锈是利用挥发性缓蚀剂在金属制品周围挥发出缓蚀气体,来阻隔腐蚀介质的腐蚀作用,以达到防锈的目的。气相缓蚀剂在使用时无须涂在金属制品表面,只用于密封包装或容器中。因为它是一些挥发性物质,在很短时间内能充满包装或容器内的各个角落和缝隙,既不影响商品外观,又不影响使用,也不污染包装,是一种很有效的防锈方法。

四、货物的虫蛀与防治

仓库的害虫不仅蛀食动植物货物和包装,而且会危害塑料、化纤等化工合成货物。因此,仓库虫害的防治工作是货物养护中一项十分重要的工作。

(一)杜绝仓库害虫的来源

仓库一旦发生虫害,必然造成极大的危害。因此,必须加强入库的验收工作。将货物根据具体情况分别入库,隔离存放。在商品储存期间,要定期对易染虫害的货物进行检查,做好预测预报工作;做好日常的清洁卫生,铲除库区周围的杂草,清除附近沟渠污水,同时辅以药剂进行空库消毒,在库房四周1m范围用药剂喷洒防虫线,以有效杜绝害虫的来源。

(二)仓库害虫的防治方法

1. 物理防治法

物理防治法就是利用物理因素(光、电、热、冷冻、原子能、超声波、远红外线、微波等)破坏害虫的生理机能与机体结构,使其不能生存或抑制其繁殖。

常用的方法有灯光诱集、高温杀虫、低温杀虫、电离辐射杀虫、远红外线、高温干燥等。

2.化学防治法

化学防治法就是利用化学药剂直接或间接毒杀害虫的方法。常用药剂有杀虫剂、熏蒸剂、驱避剂。

在化学防治中,要选用对害虫有较高毒性的药剂,同时选择害虫处在抵抗力弱的时期施药。施药时,应严格遵守药物使用规定,注意人身安全和被处理货物、库房建筑以及备用器具的安全。应采取综合防治与轮换用药等方法,以防害虫形成抗药性。

五、危险品的养护

(1)危险品应存放于专用库场内并有明显的标示,库场配备相应的安全设施和应急器材。

(2)库场管理人员应经过专门的训练,了解和掌握各类危险品保管知识,并经考试合格后方可上岗。

(3)危险品进入库场时,库场管理人员应严格把关,性质不明或包装不符合规定的,库场管理人员有权拒收。

(4)危险品应堆放牢固,标记朝外或朝上,一目了然。

(5)照明用灯,应选择专用防爆灯,避免生成电火花。

(6)危险品库场应建立健全防火责任制,确保各项安全措施的落实。

六、6S管理

仓储管理中推行 6S 管理,可对仓库作业的现场进行有效改观和改善,不仅有助于调节人员情绪、保障货物的品质和安全、减少浪费、提高效率,而且有助于提升企业的形象。6S 活动的核心和精髓是素养,如果员工队伍的素养不能够得到相应的提高,6S 活动是难以开展和持续下去的。

仓储管理中的 6S 管理

1. 整理

整理(Seiri)是将工作现场内物品进行分类,并把不要的物品坚决清理掉。一般把工作现场的物品分为经常用的、不经常用的、不再使用的三大类。整理就是要把经常用的放在容易取到的地方,把不经常用的储存在专有的固定位置,把不再使用的清除。对仓库作业现场进行整理后,可腾出更大的空间,也可防止物品被混用、错用。

2. 整顿

整顿(Seiton)是把有用的物品按规定分类摆放,并做好相应的标识,不要乱堆乱放,防止诸如"该找的东西找不到"等无序状况的发生。

3. 清扫

清扫(Seiso)是指将环境清理干净。在整理、整顿后,要进行彻底打扫,杜绝污染源。实施清扫的目的是因为干净明亮的工作环境有利于提高产品质量。

4. 清洁

清洁(Seiketsu)是指随时保持整洁。清洁是一种状态,是维持整理、整顿和清扫的结果。

实施清洁的目的是因为清洁的环境,能使人心情愉快,积极乐观。

5. 素养

素养(Shitsuke)是指不断追求完美。所谓素养,是指养成遵守既定事项的好习惯,不论是在家里或是其他地方。前4S是身边谁都能做到的事,做得到也应该做得好,素养就是在前4S上的继续和升华。实施素养的目的是培养遵纪守法、品德高尚、具有责任感的员工,营造团队精神。

6. 安全

重视员工安全(Security)教育,每时每刻都有安全第一的意识,防患于未然。建立起安全生产的环境,所有的工作应建立在安全的前提下。

任务四 货物的盘点作业

盘点,是指定期或临时对库存物品的实际数量进行清查、清点的作业,即对仓库现有物品的实际数量与保管账上记录的数量进行核对,检查有无残缺和质量问题,以便准确掌握物品保管数量,进而核对金额。盘点是保证储存物品达到账、物、卡相符的重要措施之一。只有使库存物品经常保持数量准确和质量完好,仓储部门才能更有效地为生产、流通提供可靠的供货保证。因此,仓储作业管理必须重视盘点工作。

一、盘点的概念

所谓盘点,是指为确定仓库内或在企业内其他场所现存物料或产品的实际数量、品质状况和储存状态的清点,是仓储管理工作的控制反馈过程。

盘点

二、盘点的目的

盘点的目的主要有两个:一是控制存货数量与库存时间,以指导日常经营业务;二是掌握损益,以便把握真实经营绩效,并尽早采取措施。

1. 确定现存量

通过盘点可以查清实际库存数量,确认库存物品实际数量与库存账面数量的差异。账面库存数量与实际库存数量不符的主要原因是人工作业中产生的误差,如记录库存数量时多记、误记、漏记;作业中导致的物品损坏、遗失;验收与出库时清点有误;盘点时误盘、重盘、漏盘等。发现盘点的实际库存数量与账面库存数量不符时,应及时查清问题原因,并做出适当处理。

2. 确认企业损益

库存物品的总金额直接反映企业库存资产的使用情况,库存量过大,将增加企业的库存成本。通过盘点,可以定期核查企业库存情况,了解呆废品的处理状况、存货周转率、物品的保养维修情况,从而提出改进库存管理的措施。

三、盘点的内容和方法

(一)盘点的内容

盘点的内容主要包括数量盘点、重量盘点、账实核对、账卡核对、账账核对。在盘点对账中如发现问题,要做好记录,并应逐一进行分析,找出原因,协商对策,并纠正账目中的错误。

(二)盘点的方法

盘点的方法通常分为两类:一类是人-机盘点,另一类是人工盘点。

1. 人-机盘点

人-机盘点通常是在自动化立体仓库和自动分拣线上进行的,用仓库管理系统的盘点系统,利用电子标签和 RF 手持终端进行人机配合盘点。

2. 人工盘点

人工盘点作业常用三人小组法。三人小组法的基本操作要领和作业细节如下:

(1)盘点人员要熟知企业的盘点制度。

(2)选择盘点人员,每组 3 人,根据工作量和时间要求组成若干小组。

(3)提供盘点货位配置图。

(4)接受盘点作业任务。

(5)每组分工后,第 1 人按配置图进行每一物品盘点,并将盘点结果记入盘点表,第 2 人对第 1 人所完成的作业进行复盘,第 3 人负责核查前两人的盘点数据,如结果一致则将盘点结果记入盘点调整表的盘点数栏,如不一致则由第 3 人再盘一次,将结果与前两人的盘点结果对照,如与其中一人一致则将结果记入盘点调整表。

(6)盘点时可能出现盘盈或盘亏,不论盘盈或是盘亏都要认真查找原因,有时可能会出现混货或错货,应认真核对并进行调整。

(7)根据盘点结果填制盘点盈亏汇总表。

(8)根据盘点盈亏汇总表,制作盘点卡。

四、盘点的基本工作程序

一般情况下,盘点作业可按以下程序进行,如图 5-25 所示。

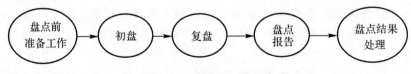

图 5-25 盘点的工作程序

(一)盘点前准备工作

盘点前准备工作是否充分,关系到盘点作业能否顺利进行。事先对可能出现的问题,及盘点工作中易出现的差错,进行周密的研究和准备是相当重要的。准备工作主要包括以下内容。

1. 确定盘点的流程

在盘点之前,需要由仓储部门主管联合各岗位的负责人确定本仓库储存物品盘点的流程,如不同物品盘点的时间、参加盘点的相关人员等。只有清楚地知道盘点的具体流程,才能将盘点工作有条不紊地展开,重点工作才能起到作用。

2. 确定盘点时间

一般情况下,盘点的时间选择在月末或财务决算前。

从理论上讲,在条件允许的情况下,盘点的次数越多越好。但每一次盘点,都要耗费大量的人力、物力和财力。因此,应根据实际情况把握盘点时间。存货周转率比较低的企业,可以半年或一年进行一次货物的盘点。周转量大的企业,库存品种比较多的企业可以根据商品的性质、价值大小、流动速度、重要程度来分别确定不同的盘点时间。盘点时间可以是每天、每周、每月、每季、每年盘点一次不等。比如可按 ABC 分类法将货物分为 A、B、C 不同的等级,分别制订相应的盘点周期,A 类重要货物每天或每周盘点一次,B 类货物每 2~3 周盘点一次,C 类一般货物每月盘点一次。

3. 确定盘点方法

因盘点场合、要求不同,盘点的方法也有差异。动态盘点有利于及时发现差错并及时处理。采用循环盘点法时,日常业务照常进行,按照顺序每天盘点一部分。所需的时间和人员都比较少,发现差错也可及时分析和修正。其优点是对盘点结果出现的差错,很容易及时查明原因,不用加班,节约费用。因此必须根据实际需求确定盘点的方法。

4. 培训盘点人员

盘点的结果取决于作业人员的认真程度和盘点程序的合理性。为保证盘点作业顺利进行,必须对参与盘点的所有人员进行集中培训。培训的主要内容包括盘点的方法、盘点作业的基本流程和要求、盘点相关单据的填写方法。总之,通过培训使盘点人员对盘点作业的基本要领、表格及单据的填写十分熟悉。

5. 准备盘点所用表格及库存资料

盘点人员要熟悉盘点表格。若采用人员填写方式,则需要准备盘点表和红、蓝色圆珠笔。盘点用的表格必须事先印制完成。

6. 对盘点时物品进出进行控制

对于盘点的物品应分类堆放整齐,并设置盘点单;盘点时应办理完盘点之前的收发业务;盘点期间所有物品应单独存放,并于盘点后入库;盘点前车间应领取所有盘点期间所需物品。

(二)初盘、复盘

1. 初盘

在正式盘点之前,仓管人员应先进行盘点并填写盘点表,以便于正式盘点的工作顺利进行。

2. 复盘

对商品的盘点一般采用实地盘点法。盘点时应注意:

(1)仓库保管人员必须在场,协助盘点人员盘点。

(2)按盘点计划有步骤地进行,防止重复盘点或漏盘。

(3)盘点过程一般采用点数、过秤、量尺、技术推算等方法来确定盘点数量。

(三)盘点报告

(1)根据盘点数量和账存数量编制盘点报告。

(2)确定盘盈盘亏量。

(3)追查盘盈、盘亏的原因。

(四)盘点结果处理

1.盘点差异原因分析

盘点结束后,发现账货不符时,应追查差异。差异原因可以从以下几个方面分析。

(1)是否因盘点方法选择不当,产生漏盘、重盘或错盘。

(2)是否因盘点制度的不完善导致账货不符。

(3)是否因货账处理制度的缺点导致物品数目无法表达。

(4)盘盈、盘亏是否在允许的误差范围之内。

(5)是否可事先预防,是否可以降低货账差异的程度。

2.盘点结果的处理

盘点差异原因追查清楚后,应针对主要原因进行调整与处理,制订解决方法:

(1)依据管理绩效,对分管人员进行奖惩。

(2)对废次品、不良品减价的部分,应视为盘亏。

(3)存货周转率低、占用金额的库存物品宜设法降低库存量。

(4)盘点工作完成以后,所发生的差错、呆滞、变质、盘亏、损耗等结果,应予以迅速处理,并防止以后再发生。

(5)呆滞品比率过大时,宜设法研究解决方案,以利于企业长期发展。

项 目 小 结

本项目主要介绍货物的储位安排,货物的堆码与苫垫,货物的养护作业以及货物的盘点作业。在库作业中最重要的两个内容就是货物的养护作业与盘点作业。养护作业做得到位不到位直接影响仓储的效益,保证在库货物的完好无损是在库作业管理的重点。盘点作业是核实在库货物的数量与质量是否统一的重要手段,做好盘点作业,保证在库货物的数量与质量的统一。

【实训作业】

实训一

某仓库收到18块中钢板,要在料场上堆码。要求必须下垫上盖,垛型既稳固安全又简易方便。作为负责此事的你,将面临以下问题:

1.如何设计垛基?

2.如何设计垛形?

3. 选择何种苫盖方法?

实训二

某仓库单位面积技术定额为 3 t/m²,现有 5 m×4 m 仓库货位,计划堆存某五金货物一批,已知该五金货物为木箱包装,货箱尺寸为 50 cm×20 cm×20 cm,每箱质量为 30 kg,问该货位能堆放多少箱?可采用怎样的垛型?

实训三

2017 年 8 月 5 日 13 时 15 分,深圳市安贸危险品储运公司清水河仓库 4 仓,因违章将过硫酸铵、硫化钠等化学危险品混储,引起化学反应而发生火灾爆炸事故。火灾蔓延导致连续爆炸,爆炸又使火灾蔓延。前后共发生了 2 次大爆炸、7 次小爆炸,共有 18 处起火燃烧。这起火灾爆炸事故,死亡 15 人,受伤 873 人,其中重伤 136 人,烧毁、炸毁建筑物面积 39 000 m² 和大量化学物品等,直接经济损失约 2.5 亿元。根据上述案例思考:
1. 危险品应该怎样分区分类储存?
2. 危险品堆码有哪些要求?
3. 搜寻日常生活当中的货物,对它们的养护方式进行分类分析。

【课后习题】

一、单选题

1.(　　)是指按照物品自身的理化性质与储存要求,根据分库、分区、分类的原则,将入库商品固定区域与位置存放。
　　A. 仓库布置　　　　B. 储位安排　　　　C. 托盘存放　　　　D. 货架安排
2. 将货品在地面上直接码放堆积成各种垛型进行保管的方式是(　　)。
　　A. 直接堆码式　　　B. 地面平放式　　　C. 托盘堆码式　　　D. 货架存放式
3. 根据入库时间确定发货时间,避免发生货物在库期间过期变质、损耗现象遵循的是(　　)原则。
　　A. 面向通道的原则　　　　　　　　　B. 先进先出的原则
　　C. 同类归一的原则　　　　　　　　　D. 重量对应的原则
4.(　　)就是根据货物的包装形状、重量和性能特点,结合地面负荷、储存时间,将商品分别堆码成各种垛型。
　　A. 仓储　　　　　　B. 苫垫　　　　　　C. 装载　　　　　　D. 堆垛
5.(　　)就是以五为基本计算单位,堆码成各种总数为五的倍数的货垛,以五或五的倍数在固定区域内堆放,使货物"五五成行""五五成方""五五成包""五五成堆""五五成层",堆放整齐,上下垂直,过目知数,便于货物的数量控制、清点盘存。
　　A. "五五化"堆垛　　B. 衬垫式　　　　　C. 重叠式　　　　　D. 栽柱式

二、多选题

1. 货物堆码的基本要求（　　）。
   A. 合理　　　　　　B. 牢固　　　　　　　C. 定量
   D. 整齐　　　　　　E. 节约　　　　　　　F. 方便
2. 托盘堆垛的形式有（　　）。
   A. 重叠式　　　　B. 纵横交错式　　　C. 正反交错式　　　D. 旋转交错式
3. 温湿度控制方法有（　　）。
   A. 密封　　　　　　B. 通风　　　　　　C. 除湿　　　　　　D. 日照
4. 货物霉腐的防治方法有（　　）。
   A. 常规防霉　　　　B. 药剂防霉　　　　C. 气相防霉　　　　D. 微生物防霉
5. 仓库害虫的防治方法有（　　）。
   A. 物理防治法　　B. 化学防治法　　　C. 药物防治法　　　D. 电击防治法
6. 6S管理的内容是（　　）。
   A. 整理　　B. 整顿　　C. 清扫　　D. 清洁　　E. 素养　　F. 安全

三、简答题

1. 简述通风时应注意的问题。
2. 简述就地堆码的形式。
3. 简述苫盖的方法。
4. 简述货物养护的方法。

项目六 货物出库作业管理

知识目标:

1. 了解出库作业内容。
2. 掌握出库作业流程。
3. 熟悉退货作业流程。

技术目标:

1. 掌握出库作业的基本流程和操作。
2. 了解退货作业的流程和操作,学会处理客户的退货需求。

▶ 案例导入

Y物流公司是一家第三方物流公司,J贸易公司是Y物流公司的长期仓储客户,J贸易公司在Y物流公司仓库存放了大量的不锈钢板等商品。J贸易公司与Y物流公司签订了仓储保管合同,约定Y物流公司凭J贸易公司盖有公司印章、签有销售主管名字的提货单发放库存的不锈钢板等商品,J贸易公司留有公司印章式样和销售主管签字式样在Y物流公司的业务受理大厅,双方还约定Y物流公司若对J贸易公司的提货单有疑问,须暂缓发货,应立即与J贸易公司负责人或销售主管取得联系。2017年春节长假期间,大年初四这天,Y物流公司受理大厅来了几位手持J贸易公司提货单前来提货的人员。经办的业务受理员只看到提货单上的印章、签字齐全,而没有严格执行审核出库凭证的流程去核对印章和签字,就向保管员开具了发货通知。大年初八,春节长假后上班的第一天,J贸易公司与Y物流公司核对库存商品数量,发现仓库发出了库存商品,而春节期间J贸易公司并没有开出提货单。经公安部门侦查,这是一起伪造公章、模仿签名的诈骗案件。在这起诈骗案件中,犯罪嫌疑人提取不锈钢23.9t,价值75万元,给Y物流公司造成了巨大的经济损失。

分析:

本案例就是一起因仓储企业工作人员缺乏责任心、未严格执行审核出库凭证流程而导致库存商品被诈骗提取的严重事件,本案例给我们如下启示:

(1)审核凭证是商品出库管理的一个非常重要的环节。凡在审核出库凭证中,发现有商品名称、规格型号、出库数量与库存数量不符,有签章不相符、不齐全、不清晰的,有涂改或者其他手续不符合要求的,仓库不能够发货出库,并且要及时与业务部门或者客户单位取得联系。

(2)审核出库凭证的工作人员要有高度的责任感。工作疏忽大意,就可能造成重大的差错事故,给仓库和企业带来巨大的经济损失和负面影响。

任务一　出库凭证的审核及问题处理

一、出库凭证的审核

仓库接到出库凭证(仓单)后,必须对出库凭证进行审核。审核的内容有审核提货单的合法性和真实性,核对物品的品名、型号、规格、单价、数量,校对收货单位、到货站、开户行和账户。合法单据应是财务部门电脑打印的或印刷连号的多联正规单据,盖有现金收讫章、现金未付章、调拨章,并有财务操作人员的名章。内容全面(收货人单位名称、规格、批号、数量、单价、总价、单据编号、备注),盖章清晰不模糊,无涂改,手续合法。

二、出货凭证审核中的问题处理

处理出货凭证审核时遇到的问题,可参见表 6-1。

表 6-1　出货凭证审核问题处理表

问　　题	处理方式
出库凭证超过提货期限	用户前来提货,必须先办理手续,按规定缴足逾期仓储保管费,然后方可发货
出库凭证有疑点或者情况不清楚	及时与出具出库单的单位或部门联系,妥善处理
出库凭证有假冒、复制、涂改等情况	及时与仓库保卫部门联系,严肃处理,触犯法律的应依法移交公安机关处理
物品进库未验收,或者期货未进库的出库凭证	一般暂缓发货,并通知货主,待货到并验收后再发货,提货期顺延,保管员不得代发代验
客户将出库凭证遗失	客户应及时与仓库管理人员和财务人员联系挂失

任务二　货物出库作业流程

【案例】　红叶仓储企业二号仓库 2011 年 8 月 25 日收到一份提货单,得知有 800 台 34 寸长虹彩色电视机、300 台 242L 海尔冰箱、500 箱 500 g 嘉士利饼干、1 000 箱碗装康师傅快速面、600 箱 335 mL 可口可乐饮料、400 箱 550 mL 雀巢矿泉水、500 袋 1 kg 立白洗衣粉等商品需出库,仓库需马上组织人员进行商品出库的准备工作。

一、出库前的准备与备货的内容

(一)出库前的准备

(1)计划,组织,备货,工具,装卸搬运设备,作业人员,货位,包装,涂写标志。

(2)与承运单位联系,使包装适合运输。长途运输要加垫板,防止运输途中堆垛倾覆,冬季注意防寒,必要时用保温车或专用运输车。

(3)包装破损的要加固或更换。

(4)对于拆零发货的物品,要经常准备好零货,及时补充,避免临时拆包,延缓付货。如每箱 1 000 个的螺丝,一般每次提货为 200 个,可以平均分装在 5 个周转箱内,循环补货,实际工作中,如果是供应生产工位,就不必 200 个螺丝一个不差地数出来,单个螺丝价值低,没有必要浪费人力去检斤和数数。

(5)对于分拣备货的情况,要事先分装拼箱,发货时整箱出库;易碎易串味易变形的物品,要加衬垫物,用木箱、周转箱等保护,并将装箱单贴在外面或附在里面,便于收货人清点验货,同时准备记号笔、封签、胶带、剪刀、胶带座、木箱、钉箱工具等。

(二)备货的内容

(1)准备附件。技术标准证件,使用说明书,质量检验书等。

(2)备货地点。原则上在备货发货区域内备货、清点、复核;批量大、品种少的发货时,在备货区准备单品种的零头;整托盘、整箱的物料则应在原货位上等待出库,减少搬运次数,供应生产线时,可以在开工前在线上备货交接。

(3)备货时间。快速消费品如饮料、食品,需要前一天晚上备好货,第二天早上 5 点至 7 点送到超市、经销点;白天准备长途运输的,备货出库 24 小时循环不停。其他行业一般是当天备货当天发货,或前一天备货第二天发货。

(4)备货人员。根据行业不同、业务能力不同,由库管员、分拣员、叉车司机等人员辅助工人负责备货。

(5)备完货后可以二次清点总数,检查是否漏配、是否多配,减少出现差错的机会。

二、复核方式和复核内容

对出库物资在出库过程中要反复核对,以保证出库物资的数量准确、质量完好,避免差错。

(一)复核方式

1. 个人复核

由发货保管员自己发货自己复核,并对所发物资的数量、质量负全部责任。

2. 交叉复核

交叉复核,即两名发货保管员对对方所发物资进行照单复核,复核后应在对方出库单上签名,与对方共同承担责任。

3. 专职复核

由仓库设置的专职复核员进行复核。

4. 环环复核

发货过程的各环节,如查账、付货、检斤、开出门证、出库验放、销账等环节,对所发货物反复核对。

整个出库过程要进行三次检查。第一次检查是备货时,第二次检查是备完货后二次清点,第三次检查是在出库前用不同的人、不同的方法清点。三次检查完毕之后,基本保证了出库的准确性,前两次内部检查和第三次复核,可能影响了出库的效率,但降低了差错率,提高了仓储信誉。

(二)复核内容

按出库凭证上的内容逐项核对。

(1)货品的品名、规格。

(2)出库货物的数量。

(3)出库货物的文件资料、证件。

(4)包装是否符合运输安全要求。

1)承受箱内物品的重量,能否保证物料在运输装卸中部被破损。

2)是否便于装卸搬运。

3)易碎易受潮的物料,衬垫是否稳妥,密封是否严密。

4)收货人信息是否填写齐全。

5)每件包装是否有装箱单,装箱单上的内容是否和实物一致。

三、点交

出库点交,即保管员将应发物资向用料单位逐项点清交接的过程。应注意:

(1)凡重量标准的、包装完整的、点件的物资,当场按件数点清交给提货人或承运部门,并随即开具出门凭证,应请提货人在出门凭证上签名。

(2)凡应当场过磅计量或检尺换算计量的,按程序和规定检斤、检尺,并将磅码单抄件、检尺单抄件及出门证一并交提货人,亦应请提货人在原始磅码单及出门证上签名。

知识链接

某医药企业药品出库复核制度

(1)仓储中心验发员负责药品的出库复核工作。

(2)药品出库应遵循先产先出、近期先出和按批号发货的原则。

(3)药品出库必须进行数量复核和质量检查,保管员、验发员应按出库单对实物检查,将数量、项目逐一核对,核对完后在出库单核对联上签章,方可发货。

(4)保管员在出库复核中,如发现以下问题停止发货和配送,并报质量管理部处理。药品出库时发现下列问题拒绝出库:

1)药品包装内有异常响动或液体渗透。

2)外包装出现破损、封口不牢、衬垫不实、封条严重损坏等现象。

3)包装标识模糊不清或脱落。

4)药品已超出有效期。

(5)药品出库后,如发现错误,应立即追回或补换,并填写换、补货记录表,认真处理。

(6)直接配送单与出库复核单无收款章不允许出库。临时借货的出库,需有董事长或总经理的签字或授权方可出库,事后补签。

(7)为便于质量跟踪,药品出库要做好出库复核记录。

(8)药品出库复核记录由专职复核员填写,电脑存档,记录保存至超过药品有效期1年,但不得少于3年。

(9)中药饮片出库要严格掌握发霉、变质情况,坚决执行质量有异拒绝出库的原则。

四、装载发运

(一)装载

装载上车是指车辆的配载。根据不同配送要求,在选择合适车辆的基础上对车辆进行配载,以达到提高车辆利用率的目的。

车辆配载

由于物品品种、特性差异,为提高送货效率,确保货物质量,首先必须对特性差异大的货物进行分类,并分别确定不同的运送方式和运输工具。特别要注意散发臭味的货物不能与具有吸臭性的货物混装,散装粉尘的货物不能与清洁货物混装,渗水货物不能与易受潮的货物一同存放。另外,为了减少或避免差错,还应尽量把外观相近、容易混淆的货物分开装载。

由于货物配送有轻重缓急之分,所以必须预先确定哪些货物可配于同一车辆,哪些货物不能配于同一辆车,以做好车辆的初步配载工作。因此,送货部门既要按订单要求在送货计划中明确运送顺序,又要安排理货人员将各种所需的、不能混装的货物进行分类,同时还应按订单标明达到地点、客户名称、运送时间、货物明细等,最后按流向、流量、距离将各类货物进行车辆配载。

在具体装车时,装车顺序或运送批次的先后,一般按客户的要求进行,但对同一车辆运送的货物,则要依据"先送后装"的顺序。但有时在考虑有效利用车辆空间的同时,还要根据货物的一些特性(怕震、怕压、怕撞、怕湿等)做出弹性调整,如轻货应放在重货的上面,包装强度弱的应放在包装强度强的上面,易滚动的卷状、桶状货物要垂直摆放等。另外,应按照货物的性质、形状、重量及体积等来具体决定货物的装载方法。

(二)发运

根据送货计划所确定的最优路线,在规定的时间,及时准确地将货物运送到客户手中,在运送过程中要注意加强运输车辆的考核与管理。这部分内容将在《配送作业管理》中详细讲解,这里不做过多阐述。

五、出库

(一)出库要求

(1)三不:未接单据不翻账,未经审单不备货,未经复核不出库。

(2)三核:在发货时,要核实凭证,核对账卡,核对实物。

(3)五检查:对单据和实物要进行品名检查、规格检查、包装检查、件数检查、重量检查。

(4)严格执行各项规章制度,提高服务质量,杜绝差错事故,使顾客满意。

(二)出库的注意事项

(1)只有符合财务制度要求的有法律效力的出库单据,才能出库。坚决抵制不合法的单据(如白条)和不合法的做法(如电话通知、短信、传真),杜绝凭信誉出库,抵制特权人物的任意行为。

(2)出库凭证有涂改、复制、模拟,收货单位与提货人不一致,各种印签不合规定,超过提货有效期,单据重复打印出库等情况时,库管员应保持高度的警惕性,不能得过且过,要及时联系货主并查询单据的合法性,保护货主和公司的财产不受侵犯。

(3)出库不能当天办完、需要分批处理的,应该办理分批处理的手续。

(4)先备货、后复核、再发货。通过备货,业务人员可以预先了解是否缺货、是否有质量问题、是否可以调货,并提前解决问题或打印退货单,及时与客户沟通。库管员提前收到出库单、订单时,可以提前准备,提高出库工作效率,并且备完货后可以二次清点总数,检查是否漏配、是否多配,减少出现差错的机会。

(5)复核人员要用不同的人、用不同的方法复核,双人签字才能出库,单人没有权力将货物提出去。

(6)先进先出。有批号要求的严格按批号发货,并在发货记录上登记批号的区间,当产品跨区域串货时,能够根据发货批号查到经销商。没有批号要求的,按先进先出发货,同时要做到保管条件差的先出、包装简易的先出、容易变质的先出、有保管期限的先出、循环回收的先出。

(7)对于近效期产品、失效产品、变质产品、没有使用价值的产品,在没有特殊批准的情况下,坚决不能出库,当然应销毁或者作为废品处理的例外。不能以次充好。

(8)出现盘盈盘亏时,不能为了不被发现、不被处罚,就在发货入库时暗地里串货调整,给供应商和顾客带来麻烦和损失。

(9)为了处理销售、出口等紧急情况,仓储部当时的最高领导可以在职权范围内特事特办。如已经有出库单,但货不全或型号开错需要调货,这时再开返单重新出库,可能顾客就不等了,这就需要仓储部能灵活处理,在等值情况下,先调货发货,后补手续,但库管员未经授权不能自行操作。

(10)当未入库验收、未办理入库手续时,原则上暂缓发货。

(11)如果将出库凭证遗失,客户应及时向仓库和财务部门挂失,将原凭证作废,延缓发货;如果挂失前货物已经被冒领,保管员不承担责任。

(三)商品出库的形式

1. 自提

提货单位持出库凭证(提货单)自行到仓库提货,保管员根据提货单上所列的名称、规格、数量当面点交给提货人员。

2. 送货

仓库受提货单位委托,将其所需物资按提货单所列内容运送到使用单位,并在使用单位当场点交。

3. 代运

仓库受外埠用户委托,按单将货物配齐后通过铁路、水运、航空、邮寄等方式,将货物发至用户所在地的车站、码头、邮局提货。此种出库形式的交接,是与铁路、水运等运输部门配合进行的,仓库按规定程序办理完托运手续并取得运输部门的承运凭证,将应发货物全部点交承运部门后,责任才开始转移。

4. 过户

过户是一种就地划拨的形式。商品虽未出库,但是所有权已从原存货户转移到新存货户。仓库必须根据原存货户单位开出的正式过户凭证予以办理过户手续。

5. 取样

货主单位根据实际需要,对存货商品进行质量检验、样品陈列,因此到仓库提取货样。仓库必须根据正式取样凭证予以发放样品,并做好账务记录。

6. 转仓

货主单位为了业务方便或改变储存条件,需要将某批库存商品自甲仓库转移到乙仓库,这就是转仓的发货形式。仓库也必须根据正式的转仓单,予以办理转仓手续。

六、交接

出库交接时应当面点清,与提货人的交接清点是仓库和提货人划分责任的必要手段。品种多时,分单品核对。不能仅与接货人核对品种数,将所有货物卸下来重新清点。最后签收完成出库作业。准时制管理的签收与传统的出库不同,一般按成套配件签收,系统自动按物料清单销账,签收方式一般分以下几种:

(1)流通加工的交接签收。
(2)自有运输车辆的交接签收。
(3)客户自提的交接签收。
(4)第三方物流车辆的交接签收。
(5)公铁联运集装箱运输的交接签收。

任务三　退货作业管理

一、退货作业产生的原因

客户要求退货的原因一般有以下几种。

1. 商品有质量问题

对于不符合质量要求的商品,客户提出退货,仓库应给予退换。

2. 搬运过程中商品的损坏

物品在装卸搬运过程中造成了商品包装或者质量的损坏,仓库应给予退货。

3. 商品送错

如果送达到客户手中的商品不是客户要求送的商品,如商品条码、品项、规格、数量、种类、重量等与订单不符时,客户要求退货或换货,此时必须立即处理,减少客户抱怨。

4. 商品过期

有保质期的商品在送达客户手中时已经过了保质期,客户有权要求退货,而且要马上给客户进行退换。

退货作业

二、退货作业在仓储作业中的作用

仓储作业过程中,会遇到交货中或交货后货物包装破损、商品损坏、商品保质期临近或已过期、送交的商品与客户的商品不相符等情况,需要把货物运回仓库,即进行退货作业。

退货作业在仓储活动中占有重要的地位。从内容上讲,退货作业是送货作业的后续工作,其主要内容是回收客户退货,并将回收后的退货进行处理。在物流活动中,退货作用会大幅度增加成本,减少利润,因此应尽可能避免退货的产生。但正确处理客户退货也具有以下积极作用:

(1)能够增强客户对仓储企业的信任感、依赖感和忠诚度。
(2)能够增强仓储企业的竞争力。
(3)能够提高仓储企业的信誉度。
(4)能够帮助企业了解客户需求,了解市场变化情况,为企业生产新产品提供依据。
(5)增强仓储企业的服务意识和优化意识,尽可能减少退货的次数。

三、退货作业的流程

退货作业的流程包括验收、整理、良品入库、拒收四个环节。

(一)验收

退货收货员根据退货单核对退货名称、数量、规格、保质期等信息,若实际货物与退货单信息不一致,找配送员进行差异处理,并对回单进行确认。

(二)整理

退货整理员将退货收货员验收好的货物按照供应商、生产日期、货物的状态分类整理,装入物流箱中,根据货物信息进行分类处理。

(三)良品入库

将分类整理好的良品退货,交入库上架员验收,该工作人员核对货物名称、数量、规格、保质期等信息,确认无误后,进行上架操作,并登记货卡。

(四)拒收

对于不符合退货条件的货物,退货整理员整理后重新发给客户并附带拒收的原因说明。

三、退货处理的方法

(一)无条件重新发货

对于仓库发错货的情况,仓库应更新调整发货方案,将错发物品调回,重新按原订单发货,这期间发生的所有费用应由发货人承担。

(二)运输单位索赔

对于因为运输途中产品受到损坏而发生退货的,应根据退货情况,由仓库确定所需要的修理费用或赔偿金额,然后由运输单位承担。

(三)收取费用,重新发货

对于因为客户订货有误而发生的退货,退货费用由客户承担。退货后,再根据客户新的订单完成发货。

(四)重新发货或替代

对于产品有缺陷的订单,客户要求退货的,仓储企业接到退货指示后,作业人员应安排车辆收回退货商品,将商品集中到仓库退货处理区进行处理。一旦产品回收活动结束,生产厂家及其销售部门就应立即采取行动,用没有缺陷的同一种产品或替代品更新有缺陷的产品,让客户满意。

项 目 小 结

本项目主要介绍出库作业内容,做好出库前的准备工作,出库作业流程以及退货作业的流程。出库作业是根据仓储合同的要求,依照货主或收货人需要,完成货物的出库工作。严格按照出库作业流程,做好货物与单证的交接与验收,保证出库货物的准确性和及时性,提高出库作业的效率。

【实训作业】

实训一

2017年10月13日,常德美贸易公司发送提货单到三毛仓储有限公司(见表6-2),由王刚于10月14日到仓库提货。三毛仓储有限公司李明如何顺利完成本次货物的出库作业。

表6-2 提货通知单

提货单位:常德美贸易公司　　　　　　　　　　　　　　　　提货时间:2017.10.14

货品名称	型号	单位	数量	包装
百变金刚多功能锅	65340	箱	40	纸箱
ACA面包机MB600	65216	箱	50	纸箱
ACA酸奶机	65451	箱	50	纸箱

实训二

2017年5月20日,腾盛仓储有限公司李明将出库单号201705200002中型号为ACA的面包机错发为型号为NB500的面包机,数量为10台。2017年5月24日,常德美贸易公司向腾盛仓储有限公司提出退货申请,请协助腾盛仓储有限公司理货员张华办理退货手续,为他列出详细的退货步骤。

【课后习题】

一、单选题

1.(　　)又称交叉复核,即两名发货保管员对对方所发物资进行照单复核,复核后应在对方出库单上签名以与对方共同承担责任。
  A. 个人复核　　　　B. 相互复核　　　　C. 专职复核　　　　D. 环环复核

2.(　　)即保管员将应发物资向用料单位逐项点清交接的过程。
  A. 出库点交　　　　B. 复核　　　　　　C. 登账　　　　　　D. 立卡

3.（　　）是指车辆的配载。根据不同配送要求，在选择合适的车辆的基础上对车辆进行配载以达到提高车辆利用率的目的。

A. 分拣　　　　　　B. 装载上车　　　　　C. 配送　　　　　　D. 发车

4.（　　）是送货作业的后续工作，其主要内容是回收客户退货，并将回收后的退货进行处理。

A. 装卸作业　　　　B. 分拣作业　　　　　C. 仓储作业　　　　D. 退货作业

5.退货的作业流程包括验收、整理、良品入库、（　　）四个环节。

A. 拒收　　　　　　B. 接货　　　　　　　C. 开箱　　　　　　D. 称重

二、多选题

1.备货的内容主要有（　　）。

A. 准备附件　　　　B. 备货地点　　　　　C. 备货时间　　　　D. 备货人员

2.出库要求的三核是指（　　）。

A. 核实凭证　　　　B. 核对账卡　　　　　C. 核对实物　　　　D. 核对单据

3.出库要求的三不是指（　　）。

A. 未接单据不翻账　　　　　　　　　　　B. 未经审单不备货

C. 未经复核不出库　　　　　　　　　　　D. 未经装车不发运

4.商品出库的形式有（　　）。

A. 自提　　　　　　B. 送货　　　　　　　C. 代运　　　　　　D. 外包

5.出库要求的五检查是指（　　）。

A. 对单据和实物要进行品名检查　　　　　B. 规格检查

C. 包装检查　　　　　　　　　　　　　　D. 件数检查

E. 重量检查

三、简答题

1.简述货物的出库作业流程。

2.简述出库凭证审核中出现的问题。

3.简述复核的方式。

4.简述退货处理的方法。

项目七　仓储成本管理与绩效管理

知识目标：

1. 了解仓储成本构成的基本知识。
2. 掌握仓储成本计算的范围和方法。
3. 熟悉仓储成本控制和优化的方法。
4. 了解仓储绩效评价与原则。
5. 熟悉仓储绩效评价指标体系及指标的分析评价。

技能目标：

1. 会进行企业仓储作业过程的成本核算。
2. 对仓储作业过程中的成本进行有效控制。
3. 对仓储过程进行绩效管理。

▶ **案例导入**

D公司是一个多部门企业，主要生产和销售高利润的药物产品以及包装物。D公司在许多地方拥有现场仓库，由员工管理。这些带有温控的仓库是为了药品设计的，要求的安全和管理技术超过包装物产品的储存要求。为了充分利用这些仓库设备，公司鼓励非药品部门将他们的产品储存在这些仓库里。

运营这些仓库的费用对这些部门是固定的，但如果产量增加，就需要增加额外的工作人员或加班。这个公司的政策是把成本按照在库存中的占地面积来分摊的。药品仓储的要求使这个费用相对较高。此外，公司各个部门是在分散的利润中心的基础上管理的。

一个相对笨重、价值较低的消费品的部门副总裁认识到类似的服务能够以更便宜的价格在公共仓库仓储服务中获得。他将本地区的产品从公司的仓库中撤出，开始采用公共仓库来储存产品。尽管公司配送中心仓库处理和储存的货物量大大减少了，但节约的成本却很少。这是因为这些设施的固定成本太高了，几乎同样的成本被分摊到了更少的使用者上。其他部门也开始使用公共仓库来降低各自部门的成本。结果整个公司的仓储成本不是减少了，而是增加了。公司的仓储成本是固定的，所以无论仓库是空的还是满的，都不能大幅度改变成本。当非药品产品转移到公共仓库中，公司为其建设的仓库设施依旧要承受几乎不变的成本总额，而且还额外增加了公共仓库的成本。这样看来，部门物流经理的行为是以本部门利润最大化为原则的，而不是以整个公司利润最大化为原则，因而整个公司的产品成本增加了，利润却减少了。

关于这个案例,你认为企业应该如何管理仓储成本,有哪些途径可以降低仓储成本?

任务一 仓储成本管理

一、仓储成本的构成

仓储成本主要包括仓储持有成本、订货或生产准备成本、缺货成本和在途库存持有成本等。

(一)仓储持有成本

1. 仓储持有成本的含义

仓储持有成本是指为保持适当的库存而发生的成本,它可以分为固定成本和变动成本。

(1)固定成本与一定限度内的仓储数量无关,如仓储设备折旧、仓储设备的维护费用、仓库职工工资等。

(2)变动成本与仓储数量的多少相关,如库存占用资金的利息费用、仓储物品的毁损和变质损失、保险费用、搬运装卸费用、挑选整理费用等。变动成本主要包括以下四项成本:资金占用成本、仓储维护成本、仓储运作成本和仓储风险成本。

2. 仓储持有成本的计算项目

(1)固定成本。由于仓储持有成本中的固定成本是相对固定的,与库存数量无直接关系,因此固定成本的计算项目主要包括租赁费、取暖费、照明费、设备折旧费、保险费用和税金等。

(2)变动成本。计算一种单一库存商品的仓储持有变动成本分下列三步:

第一步:确定库存商品的成本。企业可采用先进先出法、后进先出法、多动加权平均法、加权平均法、个别计价法等存货计价方法计算存货的成本。

第二步:估算每一项仓储成本占库存商品价值的比例。

第三步:用全部储存成本占库存商品价值的比例乘以商品价值,这样就可以估算出保管一定数量商品的年库存成本。

3. 仓储持有成本与仓储水平的关系

随着库存水平的提高,年储存成本将随之增加,也就是说,储存成本是可变动成本,与平均存货数量或存货平均值成正比。

(二)订货或生产准备成本

订货成本或生产准备成本,是指企业向外部供应商发出采购订单的成本,或指企业内部的生产准备成本。

1. 订货成本

订货成本是指企业为了实现一次订货而进行的各种活动的费用,包括处理订货的差旅费、办公费等支出。订货成本中有一部分与订货次数无关,如常设机构的基本开支等,称为订货的固定成本;另一部分与订货的次数有关,如差旅费、通信费等,称为订货的变动成本。具体来讲,订货成本包括与下列活动相关的费用:

(1)检查存货费用；

(2)编制并提出订货申请；

(3)对多个供应商进行调查比较，选择最合适的供应商；

(4)填写并发出订单；

(5)填写并核对收货单；

(6)验收发来的货物；

(7)筹集资金并进行付款。

2.生产准备成本

生产准备成本，是指当库存的某些产品不由外部供应而是由企业自己生产时，企业为生产一批货物而进行准备的成本。其中，更换模具、增添某些专用设备等属于固定成本，与生产产品的数量有关的费用，如材料费、加工费、人工费等属于变动成本。

3.仓储持有成本与订货成本的关系

订货成本与仓储持有成本，随着订货次数或订货规模的变化呈反方向变化。起初，随着订货批量的增加，订货成本的下降比仓储持有成本的增加要快，即订货成本的边际节约额比持有成本的边际增加额要多，使得总成本下降。当订货批量增加到某一临界点时，订货成本的边际节约额与持有成本的边际增加额相等，这时总成本最小。此后，随着订货批量的不断增加，订货成本的边际节约额比持有成本的边际增加额要小，导致总成本不断增加。由此可见，总成本呈 U 形变化。

(三)缺货成本

缺货成本是指由于库存供应中断而造成的损失，包括原材料供应中断造成的停工损失、产成品库存缺货造成的延迟发货损失和丧失销售机会的损失(还应包括商誉损失)；如果生产企业以紧急采购代用材料来解决库存材料的中断之急，那么缺货成本表现为紧急额外购入(成本紧急采购成本大于正常采购成本部分)。当一种产品缺货时，客户就会购买竞争对手的产品，这就会对企业产生直接利润损失，如果失去客户，还可能为企业造成间接或长期成本。在供应物流方面，原材料、半成品或零配件的缺货，意味着机器空闲甚至停产。

缺货成本是企业外部和内部中断供应所产生的。当企业的客户得不到全部订货时，叫作外部缺货；而当企业内部某个部门得不到全部订货时，叫作内部缺货。如果发生外部缺货，将导致以下情况的发生：

1.延期交货

延期交货可以有两种形式，一种是缺货商品可以在下次规则订货时得到补充，一种是利用快递尽快交货。如果客户愿意等到下一次规则订货，那么企业实际上没有什么损失。但如果经常缺货，客户可能就会转向其他供应商。

如果缺货商品延期交货，那么就会发生特殊订单处理和运输费用，延期交货的特殊订单处理费用要比普通处理费用高。由于延期交货经常是小规模装运，运输费率相对较高，而且延期交货的商品可能需要从一地区的一个工厂仓库供货，进行长距离运输。另外，可能需要利用速度快、收费较高的运输方式运送延期交付的商品。因此，延期交货成本可根据额外订单处理费用的额外运费来计算。

2. 失销

尽管一些客户可以接受延期交货,但是仍有一些客户会转向其他供应商,也就是说,许多公司都有生产替代产品的竞争者。当一个供应商没有客户所需的商品时,客户就会从其他供应商那里订货,在这种情况下,缺货会导致失销。对企业来说,直接损失就是这种商品的利润损失。这样,可以通过计算这批商品的利润来确定直接损失。

关于失销,需要指出以下三点:①除了利润的损失,还包括当初负责这项销售业务的销售人员的精力损失,这就是机会损失。②很难确定在一些情况下的失销总量。比如,许多客户习惯电话订货,在这种情况下,客户只是询问是否有货,而未指明要订货多少,如果这种产品缺货,那么客户就不会说明需要多少,企业也不会知道损失的总额。③很难估计一次缺货对未来销售的影响。

3. 失去客户

第三种可能发生的情况是由于缺货而失去客户,也就是说,客户永远转向另一个供应商。如果失去了客户,企业也就失去了未来一系列收入,这种缺货造成的损失很难估计,需要用管理科学的技术以及市场营销的研究方法来分析和计算。除了利润损失,还有由于缺货造成的商誉损失。商誉很难度量,在仓储决策中常被忽略,但它对未来销售及企业经营活动非常重要。

为了确定必要的库存量,有必要确定发生缺货所造成的损失。

第一步,分析发生缺货可能产生的后果,包括延期交货、失销和失去客户。

第二步,计算与可能结果相关的成本,即利润损失。

第三步,计算一次缺货的损失。

如果增加的库存成本少于一次缺货的损失,那么就应增加库存以避免缺货。

如果发生内部短缺,则可能导致生产损失(机器设备和人员闲置)和交货期的延误。如果由于某项物品短缺而引起整个生产线停工,这时的缺货成本可能非常高,尤其对于准时化生产的企业来说更是如此。为了对安全库存量做出最好的决策,制造企业应全面了解由于原材料缺货造成停产的成本。首先确定每小时或每天的生产率,然后计算停产造成的产量减少量,最后得出利润的损失量。

(四)在途库存持有成本

在途库存持有成本不像前面讨论的三项成本那么明显,然而在某些情况下,企业必须考虑这项成本。如果企业以目的地交货价销售商品,就意味着企业要负责将商品运达客户,当客户收到订货商品时,商品的所有权才会转移。从理财的角度来看,商品仍是销售方的库存。

二、仓储成本的计算

仓储成本是伴随着物流仓储活动而发生的各种费用,仓储成本的高低直接影响企业的利润水平,因此仓储成本管理是企业物流管理的一项重要内容。

(一)仓储成本的计算目的

从企业总体经营上看,计算仓储成本主要满足以下几个方面的需要:

(1)为各个层次的经营管理者提供物流管理所需的成本资料。

(2)为编制物流预算以及预算控制提供成本资料。

(3)为制订物流计划提供所需的成本资料。

(4)提供价格计算所需的成本资料。

为达到以上目的,仓储成本除了按物流活动领域、支付形态等类别分类外,还应根据管理上的需要进行分类,而且要通过不同期间成本的比较、实际发生费用与预算标准的比较,并结合仓储周转数量和仓储服务水平,对仓储成本进行比较分析。

(二)仓储成本的计算范围

在计算仓储成本之前,需要明确仓储成本的计算范围。计算范围取决于成本计算的目的,如果要对所有的仓储活动进行管理,就需要计算出所有的仓储成本。同样是仓储成本,由于所包括的范围不同,计算结果也不一样。如果只考虑库房本身的费用,不考虑仓储物流等其他领域的费用,也不能全面反映仓储成本。由于每个企业在统计仓储费用时的口径不一样,往往缺乏可比性,因此,在讨论仓储成本的时候,应该先明确该成本计算所包括的范围。

在计算仓储成本时,由于原始数据主要来自财务部门提供的数据,因此,应该把握按支付形态分类的成本。在这种情况下,对外支付的保管费可以直接作为仓储物流成本全额统计,但企业内部发生的仓储费用是与其他部门发生的费用混合在一起的,需要从中剥离出来,例如,人工费、材料费、物业管理费、管理费、营业外费用等。

1. 材料费

这是与包装材料、消耗工具、器具备品、燃料等关联的费用,可以根据材料的出入库记录,将此期间与物流有关的消耗量计算出来,再分别乘以单价,便可得出物流材料费。

2. 人工费

人工费可以通过向物流人员支付的工资、奖金、补贴等报酬的实际金额,以及由企业统一负担部分按人数分配后得到的金额计算出来。

3. 物业管理费

物业管理费包括水、电、气等费用,可以根据安装在设施上的用量记录装置获取相关数据,也可以根据建筑设施的比例和物流人员的比例简单推算。

4. 管理费

管理费无法从财务会计方面直接得到相关数据,可以按人头比例推算。

5. 营业外费用

营业外费用包括折旧、利息等。折旧根据设施设备的折旧年限、折旧率计算。利息根据物流相关资产的贷款利率计算。

(三)仓储成本的计算方法

1. 购进存货的成本计算

库存商品购进是指物流企业为了出售或加工后出售,通过货币结算方式取得商品或商品所有权的交易行为。存货的形成主要有外购和自制两个途径。从理论上讲,企业无论从何种途径取得的存货,凡与存货形成有关的支出,均应计入存货的成本。物流企业由于其行业的特殊性,在购进商品时,按照进价和按规定应计入商品成本的税金作为实际成本,采购过程中发生的运输费、装卸费、保险费、包装费、仓储费等费用,运输途中发生的合理损耗,入库前的挑选整理费等,直接计入当期损益。物流企业加工的商品,以商品的进货原价、加工费用和按规定应计入成本的税金作为实际成本。

2. 仓储成本的计算

一般来讲,仓储成本的计算可以采用以下三种方法:

(1)按支付形态计算仓储成本。仓储成本分别按仓储搬运费、仓储保管费、材料消耗费、人工费、仓储管理费、仓储占用资金利息等支付形态分类,就可以计算出仓储成本的总额。这样可以了解花费最多的项目,从而确定仓储成本管理的重点。这种计算方法是从月度损益表的管理费用、财务费用、营业费用等各个项目中,取出一定数值乘以一定的比率(物流部门比率,分别按人数平均、台数平均、面积平均、时间平均等)计算出的,算出仓储部门的费用。再将仓储成本总额与上一年度的数值做比较,弄清楚增减的原因并制订整改方案(见表7-1)。

表7-1 某公司按支付形态的仓储成本计算表

序 号	项 目	管理等费用/元	仓储成本/元	计算基准/(%)	备 注
1	仓库租赁费	10 080	10 080	100	金额
2	材料消耗费	30 184	30 184	100	金额
3	工资津贴费	631 335	178 668	28.3	人数比例
4	燃料动力费	12 645	6 664	52.7	面积比例
5	保险费	10 247	5 400	52.7	面积比例
6	修缮维护费	19 596	10 327	52.7	面积比例
7	仓储搬运费	28 114	14 816	52.7	面积比例
8	仓储保管费	39 804	20 977	52.7	面积比例
9	仓储管理费	19 276	8 115	42.1	仓储费比例
10	易耗品费	21 316	8 974	42.1	仓储费比例
11	资金占用利息	23 861	10 045	42.1	仓储费比例
12	税金等	33 106	13 937	42.1	仓储费比例
	合计	869 484	408 187	6.0	仓储费占费用总额比例

计算基准的计算公式如下:

人数比率=物流工作人员数/全公司人数=36/127=0.283

面积比率=物流设施面积/全公司面积=309/5 869=0.527

仓储费用比率=[(1)~(8)的仓储费]/[(1)~(8)的销售管理财务等费用]

(2)按仓储项目计算仓储成本。按前面所述的支付形态进行仓储成本分析,虽然可以得出总额,但是还不能充分地说明仓储的重要性。若想降低仓储成本,就应把这个仓储总额按照项目详细区分开来,以便掌握仓储的实际状态,了解在哪些功能环节上有浪费,达到控制成本的目的。这就是按仓储项目计算仓储成本的方法。

与按支付形态计算成本的方法相比,这种方法能进一步找出实现仓储合理化的症结,而且可以计算出标准仓储成本(单位个数、重量、容器的成本),以便确定仓储合理化的目标(见表7-2)。

表 7-2　某公司按仓储项目的仓储成本计算表　　　　单元：元

序号	项目	管理等费用	仓储租赁费	仓储保管费	仓储管理费	材料消耗费	搬运费等
1	仓库租赁费	10 080	100 080				
2	材料消耗费	30 184	8 074	12 405	4 889	4 816	
3	工资津贴费	631 335	3 305	438 030	90 000		100 000
4	燃料动力费	12 645	2 700		7 245	2 700	
5	保险费	10 247	5 134	5 163	50		
6	修缮维护费	19 596	7 408		4 780	7 408	
7	仓储搬运费	28 114				7 117	20 997
8	仓储保管费	39 804	—	39 804			
9	仓储管理费	19 276	2 991	2 991	2 991	10 303	
10	易耗品费	21 316	—			21 316	
11	资金占用利息	23 861	10 045	13 816			
12	税金等	33 106	3 332	26 442	3 332		
	合计	869 484	143 069	538 651	109 955	53 660	120 997
	物流成本构成/(%)	100	16.45	61.95	12.65	6.17	13.92

3. 销售存货的成本计算

商品销售是指企业以现金或转账结算方式，向其他企业销售商品，以供其销售或生产消费的一种交易活动。

(1)确认销售商品收入的条件。企业销售商品时，若同时符合以下四个条件，即确认为收入：

1)企业已将商品所有权上的主要风险和报酬转移给买方。风险主要指商品由于贬值、损坏、报废等造成的损失；报酬是指商品中包含的未来经济利益，包括商品因升值等给企业带来的经济利益。判断一项商品所有权上的主要风险和报酬是否已转移给买方，需要视不同的情况而定：①在大多数情况下，所有权上的风险和报酬的转移伴随着所有权凭证的转移，或实物的交付而转移，例如大多数零售交易。②有些情况下，企业已将所有权凭证或实物交付给买方，但商品所有权上的主要风险和报酬并未转移。

2)企业既没有保留通常与所有权相联系的继续管理权，也没有对已售出的商品实施控制。例如，甲企业将自有的土地出让给另一企业，但土地仍由甲企业开发，开发后的土地售出后，利润由两企业按比例分配。此项销售，不能作为销售收入确认。

3)与交易相关的经济利益能够流入企业。与交易相关的经济利益即为企业销售商品的价款，销售商品的价款是否能够收回是确认收入的一个重要条件，如收回的可能性大，则可作为收入确认，如收回的可能性不大，则不能确认为收入。

4)相关的收入和成本能够可靠计量。根据收入与费用配比原则,与同一项销售有关的收入和成本,应在同一会计期间予以确认。因此,如果成本不能可靠计量,相关的收入也无法确认。

(2)存货销货成本的计算。物流企业在将商品销售出去以后,既要及时反映商品的销售收入,也要计算已售存货的成本,以便据以计算商品销售成果。正确计算存货发出的成本,不仅影响当期的经营损益,而且影响期末存货价值的真实性。

实行数量进价金额核算的物流企业,商品发出的计价方法主要有以下几种:

1)个别认定法,也称个别计价法、分批认定法、具体辨认法等,是指以某批材料购入时的实际单位成本,作为该批发出时的实际成本。这种存货的计价方法,适用于大件物品、贵重物品。这种方法使存货的成本流动与实物流动完全一致,能准确反映销货成本和期末存货成本。

个别认定法能正确计算存货的实际成本和耗用存货的实际成本,但分别记录各批的单价和数量的工作量很大,进货批次较多时不宜采用。

2)加权平均法,指期末用期初结存和本期入库存货的实际成本之和,据以计算加权平均成本作为期末存货成本和销货成本的方法。

$$加权平均单价 = \frac{期初结存金额 + 本期进货金额合计}{期初结存数量 + 本期进货数量合计}$$

$$期末存货成本 = 加权平均单价 \times 期末结存数量$$

$$本期销货成本 = 期初成本 + 本期进货成本 - 期末存货成本$$

3)移动加权平均法,是指平时入库存货就根据当时库存存货总成本与总数量计算平均单位成本,作为下一次收入存货以前发出存货时的单位成本。

采用移动加权平均法,存货的计价和明细账的登记在日常进行,可以随时了解存货占用资金的动态,但日常核算工作量较为烦琐。

$$移动加权平均单价 = \frac{新购进金额 + 原结存金额}{新购进数量 + 原结存数量}$$

4)先进先出法,是假定先购进的存货先耗用或先销售,期末存货就是最近入库的存货。先耗用或先销售的存货按先入库存货的单位成本计价,后耗用或后销售的存货按后入库存货的单位成本计价。期末存货的账面价值,反映最近入库存货的实际成本。

5)后进先出法,是假定后入库的存货先耗用或先销售,因此耗用或销售的存货按最近入库存货的单位成本计价,期末存货按最早入库存货的单位成本计价。

后进先出法在实地盘存制和永续盘存制下均可使用,但是采用不同的方法在不同的盘存制度下,计算的期末存货成本和本期的销货成本是不同的。

(3)存货数量的盘存方法。企业存货的数量需要通过盘存来确定,常用存货的数量盘存方法主要有实地盘存制和永续盘存制。

1)实地盘存制,也称定期盘存制,指会计期末通过对全部存货实施盘点,以确定期末存货结存数量,然后分别乘以各项存货的盘存单价,计算出期末存货的总金额,计入各有关存货账户,再倒算出各种存货本期已耗或已销售存货的成本。这种方法在物流企业,被称为"以存计销"或"盘存计销"。

优点:平时可以不登记存货明细账减少栏,从而简化了核算工作。

缺点:① 核算手续不够严密,不能通过账簿记录随时反映各种存货的收入、发出和结存情况,不利于存货的计划、管理和控制;② 由于发出存货的成本是通过倒算的方式确定的,如果出现收发错误、毁损、自然损耗、被盗等情况,账面均无反映,而是全部隐匿在倒算出的本期发出(销售或耗用)存货之中,不利于对存货的管理,影响成本的计算和利润确定的正确性。

2)永续盘存制,也称账面盘存制,对存货项目随时进行库存记录,即分品名、规格设置存货的明细账,逐笔或逐日地登记收入或发出的存货,并随时记录结存数。在永续盘存制下,一般情况下存货账户余额应当与实际库存相符。采用永续盘存制,也应根据需要对存货进行实物盘点。为了核对存货的账面记录,加强对存货的管理,每年至少应对存货进行一次全面盘点。

优点:核算手续严密,平时可以通过账簿记录完整掌握各种存货收发及结存情况,有利于加强存货控制和管理。

缺点:存货核算的工作量较大。

三、仓储成本控制和优化

仓储成本管理是仓储企业管理的基础,对提高企业整体管理水平和经济效益有重大影响,但是由于仓储成本与物流成本的其他构成要素,如运输成本、配送成本,以及服务质量和水平之间存在二律背反的现象,因此,降低仓储成本要在保证物流总成本最低和不降低企业的总体服务质量和目标水平的前提下进行。

(一)采用"先进先出"方式,减少仓储物的保管风险

"先进先出"是储存管理的准则之一,它能保证每个被储物的储存期不至于过长,减少仓储物的保管风险。有效的先进先出方式主要有以下三种:

1. 贯通式货架系统

利用货架的每层形成贯通的通道,从一端存入物品,另一端取出物品,物品在通道中自行按先后顺序排队,不会出现越位等现象。贯通式货架系统能非常有效地保证"先进先出"。

2. "双仓法"储存

给每种被储物都准备两个仓位或货位,轮换进行存取,再配以必须在一个货位中出清后才可以补充的规定,则可以保证实现"先进先出"。

3. 计算机存取系统

采用计算机管理,存货时向计算机输入时间记录,编入一个简单的按时间顺序输出的程序,取货时计算机就能按时间给予指示,以保证"先进先出"。这种计算机存取系统还能将"先进先出"保证不做超长时间的储存和快进快出结合起来,即在保证一定先进先出的前提下,将周转快的物资随机存放在便于存储之处,以加快周转,减少劳动消耗。

(二)提高储存密度,提高仓容利用率

这样做的主要目的是减少储存设施的投资,提高单位存储面积的利用率,以降低成本、减少土地占用。具体有下列三种方法:

1. 采取高垛的方法，增加储存的高度

具体方法有采用高层货架仓库、集装箱等，可比一般堆存方法大大增加储存高度。

2. 缩小库内通道宽度以增加储存有效面积

具体方法有采用窄巷道式通道，配以轨道式装卸车辆，以减少车辆运行宽度要求；采用侧叉车、推拉式叉车，以减少叉车转弯所需的宽度。

3. 减少库内通道数量以增加有效储存面积

具体方法有采用密集型货架，采用不依靠通道可进车的可卸式货架，采用各种贯通式货架，采用不依靠通道的桥式起重机装卸技术，等等。

(三)采用有效的储存定位系统，提高仓储作业效率

有效的储存定位系数，能大大节约寻找、存放、取出货物的时间，节约不少物化劳动及活劳动，而且能防止差错，便于清点及实行订货点等。储存定位系统可采取先进的计算机管理，也可采取一般人工管理。行之有效的方式主要有以下两种：

1. "四号定位"方式

"四号定位"是用一组四位数字来确定存取位置的固定货位方法，是我国手工管理中采用的科学方法。这4个号码分别表示库号、架号、层号、位号。这就使每一个货位都有一个组号码，在物资入库时，按规划要求对物资编号，记录在账卡上，提货时按四位数字的指示，很容易将货物拣选出来。这种定位方式要求对仓库存货区事先做出规划，才能很快地存取货物，有利于提高存取速度，减少差错。

2. 计算机定位系统

计算机定位系统是利用计算机储存容量大、检索迅速的优势，入库时，将存放货位输入计算机，出库时，向计算机发出指令，并按计算机的指示人工或自动寻址，找到存放货，拣选取货的方式。一般采取自由货位方式，计算机指示入库货物存放在就近易于存取之处，或根据入库货物的存放时间和特点，指示合适的货位，取货时也可就近取便。这种方式可以充分利用每一个货位，而不需要专位待货，有利于提高仓库的储存能力，当吞吐量相同时，可比一般仓库减少建筑面积。

(四)采用有效的监测清点方式，提高仓储作业的准确度

对储存物资数量和质量的监测有利于掌握仓储的基本情况，也有利于科学控制库存。在实际工作中稍有差错，就会使账物不符，所以，必须及时且准确地掌握实际储存情况。经常与账卡核对，确保仓储物资的完好无损，这是人工管理或计算机管理必不可少的。此外，经常监测也是掌握储存物资数量状况的重要工作。监测清点的有效方式主要有以下三种：

1. "五五化"堆码

"五五化"堆码是我国手工管理中采用的一种科学方法。储存物堆垛时，以"五"为基本计数单位，堆成总量为"五"的倍数的垛形，如梅花五、重叠五等等。堆码后，有经验者可过目成数，大大加快了人工点数的速度，而且很少出现差错。

2. 光电识别系统

在货位上设置光电识别装置,通过该装置对被存物的条形码或其他识别装置(如芯片等)扫描,并将准确数目自动显示出来。这种方式不需人工清点就能准确掌握库存的实有数量。

3. 电子计算机监控系统

用电子计算机指示存取,可以避免人工存取容易出现差错的弊端,如果在储存物上采用条形码技术,使识别计数和计算机联结,每次存、取一件物品时,识别装置自动将条形码识别并将其输入计算机,计算机会自动做出存取记录。这样只需向计算机查询,就可了解所存物品的准确情况,因而无须再建立一套对仓储物品实有数量的监测系统,减少查货、清点工作。

(五)加速周转,提高单位仓容产出

储存现代化的重要课题是将静态储存变为动态储存,周转速度加快可以带来一系列的好处:资金周转快、资本效益高、货损货差小、仓库吞吐能力增加、仓储成本下降等等。具体做法诸如采用单元集装存储,建立快速分拣系统。

(六)采取多种经营,盘活资产

仓储设施设备只有在充分利用的情况下才能获得收益,如果不能投入使用或者只是低效率使用,只会增加成本。仓储企业应及时决策,采取出租、借用、出售等多种经营方式盘活这些资产,提高仓储设施设备的利用率。

(七)加强劳动力管理

工资是仓储成本的重要组成部分,劳动力的合理使用,是控制人员工资的基本原则。我国是具有劳动力优势的国家,工资较为低廉,较多使用劳动力是合理的选择。但是对劳动力进行有效管理,避免出现人浮于事、出工不出力或者效率低下的现象。

任务二　仓储绩效管理

一、仓储绩效评价标准及评价指标制定的原则

(一)仓储绩效评价标准

仓储绩效评价标准是对评价对象进行分析评价的标尺,是评价工作的准绳和前提。根据不同的用途,评价标准可以分为以下四类。

1. 计划(预算)标准

计划(预算)标准是仓储绩效评价的基本标准,是指以事先制订的计划、预算和预期目标为评价标准,将仓储绩效实际达到的水平与其进行对比。该标准反映了仓储绩效计划的完成情况,并在一定程度上代表了仓储企业经营管理水平。但该标准人为因素较强、主观性较大,要科学合理地制订才能取得较好的激励效果。

2. 历史标准

历史标准是以历史同期水平或历史最好水平为衡量标准,将仓储绩效实际达到的水平与

其自身历史水平进行纵向比较。这种比较能够反映仓储绩效指标的发展动态和方向,为进一步提升仓储绩效提供决策依据,但历史标准的评价结果缺乏横向可比性,具有排他性。

3. 客观标准

客观标准是以国际或国内同行业绩效状况作为评价本企业仓储绩效的标准。采用这一评价标准,评价结果较为真实且具有横向可比性,便于了解企业本身在行业中所处的位置,有助于企业制订仓储发展战略。

4. 客户标准

客户标准是以客户来衡量企业的仓储绩效。以客户的满意程度来评价仓储企业运作服务水平的关键要素,是企业改进和提高仓储水平的重要依据。

(二)仓储绩效评价指标制定的原则

1. 科学性原则

科学性原则要求设计的指标体系应能够客观、如实地反映仓储管理的实际水平。

2. 可行性原则

可行性原则要求指标简单易行,数据容易得到,便于统计计算和分析比较,使现有人员能够快速掌握和灵活运用。

3. 协调性原则

协调性原则要求各项指标之间相互联系、互相制约,应使之相互协调、互为补充,指标之间不能相互矛盾或彼此重复。

4. 可比性原则

在指标分析过程中,重要的是对指标进行比较,如现在与过去比、本企业与同类企业比等,因此要求指标必须具有可比性。

5. 稳定性原则

指标体系一旦确定,应在一定时间内保持相对稳定,不宜经常变动、频繁修改。在执行一段时间之后,可以通过不断总结实现改进和完善。

二、仓储绩效评价指标体系

(一)资源利用程度方面的指标

仓库面积利用率＝仓库可利用面积/仓库建筑面积×100%

仓容利用率＝库存商品实际数量或容积/仓库应存数量或容积×100%

设备完好率＝期内设备完好台日数/同期设备总台日数×100%

设备利用率＝全部设备实际工作时数/同期设备日历工作时数×100%

设备工作日利用率＝计划期内设备实际工作天数/计划期内计划工作天数×100%

工时利用率＝设备每日实际工作时间/设备每日计划工作时间×100%

设备作业能力利用率＝计划期内设备作业能力/计划期内设备技术作业能力×100%

资金利润率＝利润总额/(固定资产平均占用额＋流动资金平均占用额)×100％

全员劳动生产率＝利润总额/同期平均全员人数×100％

(二)服务水平方面的指标

客户满意程度＝满足客户要求数量/客户要求数量×100％

缺货率＝缺货次数/客户订货次数×100％

准时交货率＝准时交货次数/总交货次数×100％

货损货差赔偿费率＝货损货差赔偿费总额/同期业务收入总额×100％

(三)能力与质量方面的指标

计划期货物吞吐量＝计划期货物总进库量＋计划期货物总出库量＋计划期货物直拨量

账货相符率＝账货相符笔数/库存货物总笔数×100％

进、发货准确率＝(期内货物吞吐量－进、发货差错总量)/期内货物吞吐量×100％

商品缺损率＝期内商品缺损量/期内库存商品总量×100％

平均储存费用＝每月储存费用总额/月平均储存量×100％

人均利润＝利润总额/全员人数

(四)库存效率方面的指标

1. 库存周转率

库存周转率是用于计算库存货物的周转速度,反映仓储工作水平的重要效率指标。它是在一定时期内销售成本与平均库存的比率,用时间表示库存周转率就是库存周转天数。

2. 库存周转率的表示方法

(1)基本表示方法。

货物年周转次数(次/年)＝年发货总量/年货物平均储存量×100％

货物的周转天数(天/次)＝360/货物年周转次数×100％

(2)库存数量表示方法。

库存周转率＝使用数量/库存数量×100％

(3)库存金额表示方法。

库存周转率＝使用金额/库存金额×100％

3. 商品周转率

商品周转率是用一定期间的平均库存额去除该期间的销售额而得到的,可以表示商品的周转情形。可以用它来区分"销路极佳的商品"和"销路不佳的商品",使该指标能提供适宜而正确的库存管理所需的基本资料。

4. 商品周转率的计算公式

售价方法商品周转率＝销售额/平均库存额(按成本)

成本方法商品周转率＝销售成本/平均库存额(按成本)

数量方法商品周转率＝销售数量/平均库存数量

销售金额方法商品周转率＝销售金额/平均库存金额

包括利益与成本方法商品周转率＝总销售额/手头平均库存额（成本）

5. 周转期间与周转率的关系

周转期间（月数表示）＝12/年周转率

对于库存周转率，并没有一种绝对的标准比例作为一般的判断标准。通常是和同行业公司相互比较，或是与企业内部的其他期间相比拟、分析，用这两种方法作为评判库存周转率优劣的标准。

三、仓储绩效评价指标的分析

现代仓储企业的各项评价指标是从不同角度反映某方面的情况，如果仅凭某一项指标很难反映事物的总体情况，也不容易发现问题，更难以找到产生问题的原因。因此，要全面、准确地认识仓储企业的现状，把握其发展趋势，必须对各个指标进行系统而周密的分析，以便发现问题，并透过现象认识内在的规律，采取相应的措施，使仓储企业各项工作水平得到提高，从而提高企业的经济效益。

通过对各项指标的分析，能够全面了解仓储企业各项业务工作的完成情况和取得的绩效，发现存在的问题及薄弱环节，全面了解仓储企业设施设备的利用程度和潜力，掌握客户对仓储企业的满意程度及服务水平，认识仓储企业的运营能力和运营质量及运营效率，从而不断改进各项业务工作，为仓储企业的发展规划提供依据。

（一）对比分析法

对比分析法是将两个或两个以上有内在联系的、可比的指标（或数量）进行对比分析，从而认识仓储企业的现状。对比分析法是绩效考核指标分析法中使用最普遍、最简单和最有效的方法。

1. 对比的内容

运用对比分析法对指标进行对比分析时，一般应首先选定对比标志来衡量指标的完成程度。根据分析问题的需要，主要有以下几种对比方法：

（1）计划完成情况的对比分析。计划完成情况的对比分析是将同类指标的实际完成数或预计完成数与计划数进行对比分析，从而反映计划完成的绝对数和程度，分析计划完成或未完成的具体原因，肯定成绩，总结经验，找出差距，提出措施。

（2）纵向动态对比分析。纵向动态对比分析是将仓储企业的同类有关指标在不同时间上的对比，如本期与基期（或上期）比、与历史平均水平比、与历史最高水平比等。这种对比反映事物的发展方向和速度，说明当前状态的纵向动态，分析增长或降低的原因并提出建议。

（3）横向类比分析。横向类比分析是将仓储企业的有关指标在同一时期相同类型的不同空间条件下的对比分析。类比单位的选择一般是同类企业中的先进企业，它可以是国内的，也可以是国外的。通过横向对比，往往能起到"清醒剂"的作用，更能够找出差距，采取措施，赶超先进。

（4）结构对比分析。结构对比分析是将总体分为不同性质的各部分，然后以部分数值与总体数值之比来反映事物内部构成的情况,一般用百分数表示。例如,在货物保管损失中,我们可以计算分析因保管养护不善造成的霉变残损、丢失短少,不按规定验收、错收错付而发生的损失等各占的比重。

通过指标的结构对比,可以研究各组成部分的比重及变化情况,从而加深认识仓储企业工作中各个部分的问题及其对总体的影响。

应用对比分析法进行对比分析时,首先要注意所对比的指标或现象之间的可比性。对比分析是两个或两个以上有联系的指标或现象间的比较,这就要求根据现象的性质结合分析研究目的来考虑。在进行纵向对比时,要考虑指标所包括的范围、内容、计算方法、计量单位、所属时间等相互适应,彼此协调。在进行横向对比时,要考虑对比企业之间的经济职能或经济活动性质、经营规模等基本相同,否则就缺乏可比性。

其次,要结合使用各种对比分析方法,每个对比指标只能从一个侧面来反映情况,若仅仅进行单项指标的对比,难免产生片面性,有时甚至会得出误导性的分析结果。只有把有联系的对比指标结合运用,才有利于全面、深入地研究分析问题。

最后,还需要正确选择对比的基数。对比基数的选择应根据不同的分析和目的进行,一般应选择具有代表性的标志作为基数,如在进行指标的纵向动态对比分析时,应选择企业发展比较稳定的年份作为基数,这样的对比分析才更具有现实意义,否则与过高或过低的年份所做的比较,无法达到预期的目的和效果。

2. 库存周转率的分析

一般认为周转率高就好,周转率低就不好,事实上不能这么单纯地下结论,因为周转率表面数值的背后往往隐藏着下述几种内情。

(1)周转率高时,经济效益好。此时销售额增加并且远远超过存货资产,使企业获得较好的利润;或者是企业决策合理而缩短了周转期。

(2)周转率虽高,但经济效益不佳。当销售额超过标准库存拥有量时,会产生缺货现象,若缺货情形远远超过允许缺货率而丧失销售机会时,将带来损失,因而经济效益不高;当库存调整超过销售额降低的估计时,也会产生缺货,进而减少收益;还有可能是结算时,售出了不良库存,以此来提高销售数额而压低库存。

(3)周转率虽低,但经济效益好。预计未来大幅度涨价的商品有了估计库存,故库存量增大;有缺货危险的商品有计划地适当增加了库存,或是对将来销售额的增加已有正确的估计,而在周密计划之下持有较多的存货;还有可能是企业有计划地储备季节性物品,以备旺季的需要,因此暂时增加某一时期的库存(如啤酒、空调机等)。

(4)周转率低,经济效益也低。具体表现为销售额明明减少而未做库存调整,或库存中不良品、长期保管品、品质低下品或过时品等不断增加。总之,周转率是很灵活的,当我们通过周转率来观察企业经营状况时,应该先参照上述原则,然后结合实际情况做出正确判断。

(二)因素分析法

因素分析法是用来分析影响指标变化的各个因素以及它们对各个指标的影响程度。因素分析法的基本做法是,在分析某一因素对总指标的影响时,假定只有这一个因素在变动,而其余因素必须是同度量因素(即固定因素),然后逐个替代某一项因素单独变化,从而得到每项因素对该指标的影响程度。

在采用因素分析法时,应注意各因素按合理的顺序排列,并注意前后因素按合乎逻辑的衔接原则处理。如果顺序改变,各因素变动影响程度之积(或之和)虽仍等于总指标的变动数,但各因素的影响值会发生变化,从而得出不同的答案。

在进行两因素分析时,一般是数量因素在前,质量因素在后。在分析数量指标时,另一质量指标的同度量因素固定在基期(或计划)指标;在分析质量指标时,另一数量指标的同度量因素固定在报告期(或实际)指标。在进行多因素分析时,同度量因素的选择要按顺序依次进行,即当分析第一个因素时,其他因素均以基期(或计划)指标作为同度量因素,而在分析第二个因素时,则是在第一个因素已经改变的基础上进行,即第一个因素以报告期(或实际)指标作为同度量因素。其他类推。

(三)价值分析法

要提高仓储作业的经营效益,无非是采用开源或节流的方法,降低成本便是为了截流。在降低成本的分析方法中,价值分析是一种较有效的方法。所谓价值分析,就是通过综合分析系统的功能与成本的相互关系寻求系统整体最优化途径的一项技术经济分析方法。价值分析方法主要是通过对功能和成本的分析,力图以最低的寿命周期成本可靠地实现系统的必要功能。

在各种经济活动中,不论是制订计划还是生产制造,不论是销售工作还是采购工作或是设备的选用,都期望以最低的价格实现最大的价值,即为了实现最佳价值要进行各种探讨和分析,这个过程称为价值分析。价值分析大体按下列顺序进行:

(1)使用此物品是否必要(必要性)。
(2)研究所使用的这些物品,其价值与效用是否相当(效用)。
(3)为满足这种用途,是否还有其他方法或代用品(替代性)。
(4)物品所有的性能是否都必要(物品性能的必要性)。
(5)质量要求是否过高(质量的浪费)。
(6)形状、尺寸是否浪费(形状、尺寸的浪费)。
(7)重量是否浪费(重量的浪费)。
(8)能否使用标准件和通用件(标准件适用性)。
(9)物品的成本相对于用途是否必要或是否适宜(成本的适宜性)。
(10)能否采用更适宜、更经济的方法进行生产(生产的适宜性)。

项 目 小 结

仓储成本是企业仓储活动过程中所消耗的物化劳动与活劳动的货币表现,它是伴随着物流仓储活动而发生的各种费用。其中,一部分用于仓储相关设备设施的折旧、维修费及商品的自然损耗,一部分用于仓储作业所消耗的人工费、动力费等,一部分是商品存量增加所消耗的资金成本和风险成本,还有一部分是对仓储活动进行综合管理的费用。

项目七　仓储成本管理与绩效管理

本项目围绕仓储成本管理和绩效管理,介绍了仓储成本构成、计算以及成本控制和优化的方法,并详细阐述了仓储绩效评价体系构建以及绩效评价指标的分析。

【实训作业】

选择本地1~2家物流企业,通过实地调查询问,了解其仓储成本管理情况,并结合学习内容,完成一份关于该企业仓储成本管理情况的调研报告。

【课后习题】

一、单选题

1. 以下属于变动成本的是(　　)。
   A. 设施折旧费　　　　B. 仓库职工工资　　　　C. 设备维护费　　　　D. 保险费用
2. 以某批材料购入时的实际单位成本,作为该批发出时的实际成本的方法为(　　)。
   A. 个别认定法　　　　B. 加权平均法　　　　C. 先进先出法　　　　D. 后进先出法
3. 不属于仓储资源利用程度方面的指标的是(　　)。
   A. 仓库面积利用率　　　　　　　　　　B. 仓容利用率
   C. 库存周转率　　　　　　　　　　　　D. 设备完好率
4. 缺货率是缺货次数与(　　)的比率。
   A. 客户要求数量　　B. 客户订货次数　　C. 总交货次数　　D. 缺货数量
5. (　　)是通过综合分析系统的功能与成本的相互关系寻求系统整体最优化途径的一项技术经济分析方法。
   A. 对比分析法　　　　B. 因素分析法　　　　C. 价值分析法　　　　D. 标杆管理法

二、多选题

1. 如果企业发生外部缺货,将会导致(　　)情况发生。
   A. 延期交货　　B. 库存成本增加　　C. 失去顾客　　D. 失销　　E. 利润减少
2. 以下各项属于仓储构成的有(　　)。
   A. 仓储持有成本　　　　　B. 订货或生产准备成本　　　　C. 生产成本
   D. 缺货成本　　　　　　　E. 在途库存持有成本
3. 仓储绩效评价指标的制定原则有(　　)。
   A. 科学性原则　　　　　　B. 可行性原则　　　　　　C. 协调性原则
   D. 可比性原则　　　　　　E. 稳定性原则
4. 以下说法正确的是(　　)。
   A. 库存的周转速度可以用周转次数和周转天数两个指标来反映
   B. 库存的周转次数越多越好
   C. 周转速度是反映仓储工作水平的重要效率指标
   D. 一定时期内,周转次数和周转天数成反比

E. 以上说法均不正确

5. 以下各项反映仓储服务水平方面的指标的有（　　）。
   A. 客户满意程度　　　　B. 缺货率　　　　　　　　C. 准时交货率
   D. 货损货差赔偿费率　　E. 商品周转率

三、简答题

1. 简述仓储成本的构成。
2. 简述仓储成本计算的目的。
3. 简述仓储持有成本与订货成本的关系。
4. 简述仓储绩效评价指标制定的原则。

项目八　仓储运营管理

知识目标：

1. 理解仓储合同的概念及特征。
2. 熟悉仓储合同的订立。
3. 掌握物流企业在仓储业务中的权利和义务。
4. 掌握客户服务的基本技巧。

技能目标：

1. 能够草拟仓储合同。
2. 能够建立正确的客户服务意识。
3. 能够正确运用客户服务技巧。
4. 能够正确处理客户投诉。

任务一　仓储合同管理

▶ 案例导入

2017年10月，某电器公司与某储运公司签订了一份仓储合同，由储运公司为电器公司存储空调等电器产品，时间为1年，保管费为5万元。合同规定：任何一方违约，应按保管费的30%向对方一次性支付违约金，并赔偿对方损失。合同订立后，储运公司立即清理了其仓库，并拒绝了其他单位提出的货物保管请求。11月，储运公司突然接到电器公司的通知，称其原定需要保管的空调因供货商没有供货而不能交付保管，另有其他电器产品已经租到了仓位，不再需要储运公司保管了。储运公司遂起诉，要求电器公司支付保管费和违约金，电器公司称仓储合同是实践性合同，未交付货物，则合同尚未成立，储运公司的要求于法无据。

请分析：

1. 双方订立的仓储合同是否成立？
2. 电器公司是否应当赔偿储运公司违约金？

一、仓储合同的概念和特征

(一)仓储合同的概念

仓储合同是保管人储存存货人交付的仓储物,存货人支付仓储费的合同。合同当事人是保管人和存货人,保管的货物被称为仓储物,保管人因保管获得的报酬是仓储费。

(二)仓储合同的特征

1. 仓储合同是以仓储保管行为为标的的合同

仓储合同是一种提供劳务的合同,其标的属于劳务即双方约定的货物保管。保管是对物品进行保存和对物品的数量、质量进行管理控制的活动。

2. 仓储合同中的保管人是从事仓储保管业务的人

从事仓储保管业务的经营者应该具备相应的资格,具备一定的仓储设备和管理能力。

3. 仓储物为动产

仓储保管人是以自己的仓库为存货人的货物提供保管服务,因此,仓储物只能是动产。

4. 仓储合同是双务、有偿、诺成性、不要式合同

在仓储合同成立后,当事人均应履行一定的义务,保管人提供仓储服务,存货人提供仓储费,双方的权利和义务是相对应的,因此,仓储合同是双务合同、有偿合同。仓储合同自双方达成意思表示一致即成立,无须存货人提供仓储物合同才成立,因此,仓储合同属于诺成性合同。尽管根据仓储合同保管人签发仓单,但是,仓单是仓储合同的证明,不是合同本身,因此,仓储合同是不要式合同。

二、仓储合同的订立

(一)仓储合同的订立过程

仓储合同的当事人应当订立书面的仓储合同,当事人填写的入库单、仓单、出库单等,均可以作为仓储合同的证明。通常情况下,自保管人和存货人签字或盖章时合同才告成立。但如果存货人在此之前就将仓储物交付至保管人,而保管人又接受该仓储物入库储存的,仓储合同自仓储物入库时成立。

(二)仓储合同的内容

仓储合同的内容是明确保管人和存货人双方权利、义务关系的根据,通常体现在合同条款上。仓储合同应当包含以下主要条款:

(1)保管人、存货人的名称或者姓名和住所。

(2)仓储物的品名、品种、规格。

(3)仓储物的数量、质量、包装、件数和标记。在仓储合同中,应明确规定仓储物的计量单位数量和仓储物质量,以保证顺利履行合同,同时,双方还要对货物的包装、件数以及包装上的货物标记做出约定,对货物进行包装。

(4)仓储物验收的项目、标准、方法、期限和相关资料。对仓储物的验收,主要是指保管人按照约定对入库仓储物进行验收,以确定仓储物入库时的状态。仓储物验收的具体项目、标准、方法和期限等应由当事人根据具体情况在仓储合同中事先做出约定。保管人为顺利验收需要存货人提供货物的相关资料,仓储合同还应就资料的种类、份数等做出约定。

(5)仓储物的储存期间、保管要求和保管条件。储存期间即仓储物在仓库的存放期间,期间届满,存货人或者仓单持有人应当及时提取货物。保管要求和保管条件是针对仓储物的特性,为保持其完好所要求的具体条件、因素和标准。为便于双方权利义务和责任的划分,应对储存期间、保管要求和保管条件做出明确、具体的约定。

(6)仓储物进出库手续、时间、地点和运输方式。仓储物的入库,意味着保管人保管义务的开始;而仓储物的出库,则意味着保管人保管义务的终止。因此,仓储物进出库的时间、地点对划清双方责任非常关键,而且,仓储物的进出库有多种不同的方式,会影响到双方的权利、义务关系,也会影响到双方的责任划分。因此,双方当事人也应对仓储物进出库的方式、手续等做出明确约定,以便分清责任。

(7)仓储物的损耗标准和损耗处理。仓储物在储存、运输、搬运过程中,由于自然的原因(如干燥、风化、挥发、黏结等)和货物本身的性质以及度量衡的误差等原因,不可避免地要发生一定数量的减少、破损或者计量误差。对此,当事人应当约定一个损耗的标准,并约定损耗发生时的处理方法。当事人对损耗标准没有约定的,应当参照国家有关主管部门规定的相应标准。

(8)计费项目、标准和结算方式。

(9)违约责任条款。对当事人违反合同约定义务时承担违约责任的方式等进行的约定,违约责任的承担方式包括继续履行、支付违约金、赔偿损失等。双方当事人还可就变更和解除合同的条件、期限,以及争议的解决方式等做出约定。

三、仓储合同当事人的权利和义务

由于仓储合同是双务有偿合同,双方当事人的权利和义务是相对的。

(一)保管人的权利

(1)有权要求客户按照合同约定交付货物。
(2)有权要求客户就所交付的危险货物或易变质货物的性质进行说明并提供相关材料。
(3)对入库货物进行验收时,有权要求客户配合提供验收资料。
(4)发现货物有变质或其他损坏时,有权催告客户做出必要的处置。
(5)有权在情况紧急时,对变质或者有其他损坏的货物进行处置。
(6)有权要求客户按时提取货物。
(7)客户逾期提取货物的,有权加收仓储费。
(8)有权提存客户逾期未提取的货物。
(9)有权要求客户支付仓储费用和其他相关费用。

(二)保管人的义务

(1)签发、给付仓单的义务。客户交付仓储物的,保管人应当给付仓单。保管人在向客户给付仓单时,应当在仓单上签字或者盖章,以保证仓单的真实性。
(2)及时验收货物并接收入库的义务。保管人应当按照约定对入库货物进行验收。保管人对货物进行验收时,应当按照仓储合同约定的验收项目、验收方法和验收期限进行。

1)验收项目和标准。验收项目一般包括货物的品名、规格、数量、外包装状况,以及无须开箱拆捆,通过直观即可识别和辨认的质量状况。外包装或货物上无标记的,以客户提供的验收资料为准。保管人一般无开拆包装进行检验的义务,但如果客户有此要求,保管人也可根据与客户签订的协议进行检查。对于散装货物,则应当按照国家有关规定或者合同所确定的标准进行验收。

2)验收方法。验收方法有实物验收(逐件验收)和抽样验收两种。在实物验收中,保管人应当对客户交付的货物进行逐件验收;在抽样验收中,保管人应当依照合同约定的比例提取样品进行验收。验收时可以采用仪器检验和感官检验。如果客户要求开箱拆包验收,一般应有两人以上在场。对验收合格的货物,在外包装上印贴验收合格标志;对不合格的货物,应作详细记录,并及时通知客户。

3)验收期限。验收期限,即自货物和验收资料全部送达保管人之日起,到验收报告送出之日止的一段时间。合同的验收期限,合同有约定的,应依合同约定;没有约定的,依仓储合同规定,国内到货不超过10天,国外到货不超过30天。自货物和验收资料全部送达保管方之日起计算。保管人应当在约定的时间内及时进行验收。

4)异议处理。保管人验收时发现入库货物与约定不符的,应当及时通知客户,即保管人应在验收结束后的合理期限内通知。保管人未尽通知义务的,客户可以推定验收结果在各方面都合格。

(3)同意客户或者仓单持有人及时检查货物或者提取样品的义务。保管人根据存货人或者仓单持有人的要求,应当同意其检查仓储物或提取样品,保管人具有同意存货人或仓单持有人及时检查货物的规定,保管人可以做出必要的处置,但事后应当将该情况及时通知存货人或仓单持有人。存货人和仓单持有人事后不得对保管人的紧急处置提出异议,但保管人采取的紧急处置措施必须符合下列条件:

1)必须是情况紧急,即保管人无法通知存货人、仓单持有人的情况;或保管人虽然可以通知,但可能会延误时机的情况。

2)处置措施必须是有必要的,即货物已经发生变质或者其他损坏,并危及其他货物的安全和正常保管。

3)所采取的措施应以必要的范围为限,即以能够保证其他货物的安全和正常保管为限。

(三)存货人的权利

(1)查验取样权。在仓储保管期间存货人有对仓储物进行查验、取样查验的权利,可以提取合理数量的样品进行查验。

(2)保管物的领取权。存货人有权依据合同约定提取保管物。

(3)获取仓储物孳息的权利。《中华人民共和国合同法》第377条规定:"保管期间届满或者寄存人提前领取保管物的,保管人应当将原物及其孳息归还寄存人。"

(四)存货人的义务

1.告知义务

存货人的告知义务包括两个方面:对仓储物的完整告知和瑕疵告知。所谓完整告知,是指在订立合同时存货人要完整细致地告知保管人仓储物的准确名称、数量、包装方式、性质、作业保管要求等涉及验收、作业、仓储保管、交付的资料,特别是危险货物,存货人还要提供详细的说明资料。存货人寄存货币、有价证券或者其他贵重物品的,应当向保管人声明,由保管人验收或者封存,存货人未声明的,该物品毁损、灭失后,保管人可以按照一般物品予以赔偿。存货人未明确告知的仓储物属于夹带品,保管人可以拒绝接受。

所谓瑕疵,包括仓储物及其包装的不良状态、潜在缺陷、不稳定状态等已存在的缺陷或将会发生损害的缺陷。保管人了解仓储物所具有的瑕疵可以采取针对性的操作和管理,以避免发生损害和危害。因存货人未告知仓储物的性质、状态造成的保管人验收错误、作业损害、保管损坏由存货人承担赔偿责任。

2. **按时提取货物的义务**

双方当事人对储存期间有明确约定的,储存期间届满,存货人或者仓单持有人应当凭仓单提取货物。存货人或者仓单持有人逾期提取货物的、应当加收仓储费,但提前提取的、不得请求减收仓储费。储存期间届满,存货人或者仓单持有人不提取货物的,保管人可以催告其在合理期限内提取,逾期不提取的,保管人可以将货物提交给提存机关。

3. **支付仓储费和其他费用的义务**

(1)仓储费。保管人因其所提供的仓储服务而应取得的报酬,存货人支付仓储费的时间、金额和方式依据仓储合同的约定。存货人或者仓单持有人逾期提取货物的,应当加收仓储费,而提前提取的,不减收仓储费。

(2)其他费用。为了保护存货人的利益或者避免其损失而发生的费用,在紧急情况下,保管人可以做出必要的处置,因此发生的费用,应当由存货人承担。

四、仓储合同范本

合同编号:_____

甲方(存货人):×××有限公司
地址:
法定代表人:
电话:　　　　　　　　　　传真:
　乙方(保管人):
地址:
法定代表人:
电话:　　　　　　　　　　传真:
　甲乙方双方根据《中华人民共和国合同法》及其他法律、法规的相关规定,经平等协商,在真实、充分地表达意愿的基础上,订立本合同,并由双方共同恪守。

第一条　仓储物的基本情况
　1.仓储物的名称:_____。
　2.数量:_____。(运输\装卸过程中合理损耗____%)
　3.质量:_____。

第二条　仓储物的储存期间
　双方约定仓储物的储存期间为_____日,自_____年_____月_____日起至_____年__

＿＿＿月＿＿＿＿日止。期满需要续延储存期限的,双方可另行协商。

第三条 合同价款及支付方式

1.本合同总价款为:人民币＿＿＿＿元(大写:＿＿＿＿元整),合同总价款包括入库费、仓租、出库费及仓储物检验、运输、装卸、税费、保险以及乙方为履行本合同义务所需支付的其他费用。除另有约定外,甲方不再向乙方支付合同总价款以外的其他费用。

2.甲方在收到乙方开具的符合财务和税务规定的收款票据或全额增值税发票后,按本合同约定向乙方支付合同价款。

3.合同价款的支付,双方约定采用＿＿＿＿＿种方式。

第四条 仓储物的交付、验收、运输及保险

1.甲方交付仓储物时,乙方应当进行验收并按本合同约定向甲方开具收货凭证(仓单)。

乙方验收时发现入库仓储物与约定不符合的,应当及时通知甲方。乙方验收后,发现仓储物的品种、数量、质量等不符合约定的,乙方承担赔偿责任。

2.仓储物交付地点为:＿＿＿＿＿＿,仓储物交付后,乙方按规定办理仓储物的入库手续。

3.甲方交付的仓储物为易燃、易爆、有毒、有腐蚀性、有放射性等危险物品的,乙方应当具备相应的保管条件。

4.乙方负责承担仓储物自交付地点至仓储地点的运输义务,并负责办理仓储物从甲方交货地点至乙方仓储地点运输途中的保险,仓储物运输过程中的一切质量和安全方面的风险责任由乙方承担。

第五条 仓单

甲方将货物交由乙方储存,乙方应当给付仓单。仓单是提取仓储物的凭证。仓单包括下列事项:

(1)存货人的名称或者姓名和住所;

(2)仓储物的品种、数量、质量、包装、件数和标记;

(3)仓储物的损耗标准;

(4)储存场所;

(5)储存期间;

(6)仓储费;

(7)仓储物已经办理保险的,其保险金额、期间以及保险人的名称;

(8)填发人、填发地和填发日期。

仓单是提取仓储物的凭证。甲方或者仓单持有人在仓单上背书并经乙方签字或者盖章的,可以转让提取仓储物的权利。

第六条 甲方责任

1.货物出库前,甲方应提早24小时通知乙方,以书面形式传真发货通知,并在发货通知上详细注明发运编号,发运内容及运输方式(自提/送货),以便乙方及时做好装卸,发运的准备工作。

2.货物提离仓库,甲方负责在提货车辆到达乙方库前通知乙方,以保证乙方及时办理收货人的提货手续。

第七条 乙方责任

1.在取得甲方提供的通知单证后,进行认真核查,并按接受委托书的要求安排货物仓储等事宜。

2.保持仓库干燥,阴凉,通风适宜于堆放甲方委托的物资,并应采取相应的防范措施,防震,防潮,防潮,防污染,切实保障货物安全。

3.如因乙方原因装卸或交接不当,造成甲方货物货损、货差、破损等损失由乙方承担赔偿责任。

4.乙方只有接到甲方授权代表(姓名:_____,身份证号码:_____联系电话:_____)签名的书面发货通知,并与甲方授权代表电话确认后,才能对外发货,否则引起的损失由乙方承担赔偿责任。乙方负责发运货物的交接、点数、装车(破损包装不能提离仓库)等手续,及时准确做好仓库记录工作。

5.及时准备建立进出库账簿,以备甲方核实、核对,每月底双方对仓储收、发、存情况进行一次书面确认并作为甲方支付乙方仓储费用的依据。

第八条　违约责任

1.若甲方无正当理由,不按本合同约定支付合同价款的,每逾期一日,由甲方按应付合同总价款的____％向乙方支付违约金。

2.乙方未能在本合同约定的期限内安全、完整地保管好仓储物,乙方应向甲方支付违约金____元,甲方有权直接在应付的仓储费用中直接扣除,对甲方超出违约金部分的损失乙方还应承担赔偿责任。

3.储存期间,因乙方保管不善造成仓储物毁损、灭失的,乙方应当承担全部赔偿责任。

4.乙方未经甲方书面同意擅自将仓储物交由他人保管的,或者乙方自行使用或许可他人使用仓储物的,乙方应向甲方支付违约金____元,对甲方超出违约金部分的损失乙方应承担赔偿责任。

第九条　合同的变更与解除

1.本合同履行期间,经协商一致,甲乙双方可以变更本合同的相关条款。

2.出现以下情形之一,甲乙双方可以解除本合同:

(1)双方协商一致。

(2)法律规定或者本合同约定的其他可以解除合同的情形。

第十条　通知及送达

双方在履行本合同过程中发出的全部通知,均须采取书面形式,送达地址为双方在本合同上填写的地址。

任何一方的地址或联系人发生变更时,须在变更前_____日以书面形式通知对方。因迟延通知而造成的损失,由过错方承担责任。

第十一条　争议的解决

本合同在履行过程中发生争议,由双方当事人协商解决;协商不成的,任何一方均有权向甲方住所地人民法院提起诉讼。

第十二条　合同的生效及其他

1.储存期间届满,甲方或者仓单持有人应当凭仓单提取仓储物。甲方或者仓单持有人逾期提取仓储物的,由乙方按本合同约定的日收费额(日收费额 = 本合同总价款÷本合同约定的仓储物储存期间天数),结合甲方逾期提取仓储物的天数加收仓储费。甲方提前提取仓储物的,乙方不减收仓储费。

2. 本合同一式____份,甲方持____份,乙方持____份,具有同等法律效力。
3. 本合同自甲乙双方法定代表人或授权代表签字盖章之日生效。
4. 本合同未尽事宜由双方协商解决或签订书面补充协议,补充协议与本合同具有同等法律效力。

甲方(盖章):　　　　　　　　　　　　乙方(盖章):
法定代表人或授权代表:(签字)　　　　　法定代表人或授权代表:(签字)

任务二　仓储客户服务

> 案例导入

菜鸟网络科技有限公司成立于2013年5月28日,由阿里巴巴集团、银泰集团联合复星集团、富春控股、三通一达(申通、圆通、中通、韵达)等共同组建。

菜鸟是一家互联网科技公司,专注于物流网络的平台服务。通过大数据、智能技术和高效协同,菜鸟与合作伙伴一起搭建全球性物流网络,提高物流效率,加快商家库存周转,降低社会物流成本,提升消费者的物流体验。

菜鸟的使命是与物流合作伙伴一道,致力于实现中国范围内24小时送货必达、全球范围内72小时送货必达。数据显示,2016年中国已经进入日均包裹1亿个的超级繁忙时代。物流行业引入智能、开放的互联网协同模式,而非传统自建模式,才能更好适应未来的物流需要。

通过菜鸟与合作伙伴的努力,全球智慧物流网络已经覆盖224个国家和地区,并且深入到了中国2 900多个区县,其中1 000多个区县的消费者可以体验到当日达和次日达的极致配送。

菜鸟网络联合社会化的仓配资源及能力,与合作伙伴一起,在大数据支撑下,为商家提供具有行业特色、电商特色的仓配服务,提高商家的仓配执行效率、节约管理成本,同时通过打造多样、个性化的服务向消费者提供更优质的物流服务体验。菜鸟网络专注打造的中国智能物流骨干网将通过自建、共建、合作、改造等多种模式,在全中国范围内形成一套开放的社会化仓储设施网络。同时利用先进的互联网技术,建立开放、透明、共享的数据应用平台,为电子商务企业、物流公司、仓储企业、第三方物流服务商、供应链服务商等各类企业提供优质服务,支持物流行业向高附加值领域发展和升级。最终促使建立社会化资源高效协同机制,提升中国社会化物流服务品质。

一、客户服务的重要性

如果给客户服务下一个定义的话,那么就是为了能够使企业与客户之间形成一种难忘的互动,企业所能做的一切工作。每一位客户从进入企业,就开始享受企业提供的服务,直到他带来新的客户。在整个过程中,所能做的一切工作都叫作客户服务工作。

任何一个企业都必须依赖客户,客户是企业生存和发展的最重要的资源。而客户服务则是企业与客户接触的窗口,肩负着在企业和客户之间建立联系的关键任务。对于企业而言,无论是前台、销售、客户服务代表还是企业总裁,都是企业本身,客户服务代表与客户的每一次接触都会影响到客户是否会继续与企业合作或者购买。

客户通过与客户服务代表的接触,在解决各种问题的同时了解了企业的业务,感受到企业的文化,这都关系到企业的整体形象。客户满意的程度决定了企业赢利的程度,决定了企业发展的思路。企业在保持客户的满意度的同时还要力争把满意度上升为忠诚度,这就意味着客户将忠于企业并给企业不断带来更多新的客户。企业的落脚点也应该放在使客户满意上,只有掌握了"客户满意"这个原动力,企业才能得到长足的发展。

二、客户服务技巧

(一)倾听

1. 倾听的定义

倾听是一种情感的活动,它不仅仅是耳朵能听到相应的声音,还需要通过面部表情、肢体的语言,传递给对方一种你很想听他说话的感觉,因此,倾听是一种情感活动,在倾听时应该给予客户充分的尊重、情感的关注和积极的回应。

2. 倾听四要素

(1)专注:集中精力,在聆听中理出客户的逻辑。
(2)移情:把自己置于客户的位置,从客户的出发点理解。
(3)接受:客观地聆听,不要先入为主做出判断。
(4)完整:从沟通中获得客户所要表达的完整信息和意思。

3. 提升倾听能力的技巧

(1)永远不要打断客户的谈话。在谈话过程中,应该没有人喜欢或习惯被别人打断。很多时候有些人总是有意识地打断对方的谈话。无意识的打断是可以接受的,有意识的打断却是绝对不允许的。无意识地打断客户的谈话是可以理解的,但也应该尽量避免;有意识地打断客户的谈话,对于客户来讲是非常不礼貌的。在有意识地打断一个人说话以后,对方也会以同样的方式来回应你,最后整个谈话就可能变成争吵。因此有意识的打断是绝对不允许的。

(2)清楚地听出客户的谈话重点。能清楚地听出客户的谈话重点,也是一种能力。因为并不是所有人都能清楚地表达自己的想法,特别是在不满、受情绪影响的时候,经常会有类似于"语无伦次"的情况出现。而且,除了排除外界的干扰外,还要排除客户说话方式带来的干扰。

(3)适时地表达自己的意见。谈话必须有来有往,要在不打断客户谈话的原则下,适时地表达自己的意见,这才是正确的谈话方式。这样做还可以让客户感受到,你始终都在认真地聆听,而且听明白了。

(4)肯定客户的谈话价值。在谈话时,即使是一个小小的价值,如果能得到肯定,客户的内心也会很开心,同时对肯定他的人必然产生好感。因此,在谈话中,一定要用心地找到客户谈话的价值,并加以积极的肯定和赞美,这是获得客户好感的不错的方法。

(5)配合表情和恰当的肢体语言。当你与客户交谈时,对客户谈话内容的关心与否直接反映在你的脸上,因此一定要注意自己的表情管理。

谈话中还可以配合恰当的表情,用嘴、手、眼、心灵等去说话,但要牢记不可过度卖弄,如过于丰富的面部表情、手舞足蹈、拍大腿、拍桌子等。

(6)避免虚假的反应。在客户没有表达完自己的意见和观点之前,不要做出比如"好!我知道了""我明白了""我清楚了"等反应。这样空洞的答复只会阻止你去认真倾听客户的讲话或阻止客户进一步的解释。在客户看来,这种反应等于在说"行了,别再啰嗦了"。如果你恰好在他要表达关键意思前打断了他,也许就会失去这位客户。

(二)提问

1. 开放式提问

开放式提问就是让客户比较自由地把自己的观点尽量都讲出来,这种提问方式可以帮助客服人员去了解一些情况和事实。开放式问题可以帮助客服人员了解客户的需求和问题出在哪里。

2. 封闭式提问

封闭式提问是指客服人员提出的问题带有预设的答案,客户的回答不需要展开,从而使客服人员可以明确某些问题。封闭式提问是完全帮助客户来进行判断的,客户在面对问题时只需要回答是或者不是。封闭式的提问需要客服人员自身有很丰富的专业知识。

一般来说,在服务一开始时,客服人员使用的都是开放式的提问。但由于开放式提问,客户的回答也可能是开放的,很多时候起不到有效缩短服务时间的作用。因此,在很多时候客服人员还需要使用封闭式问题进行提问。

(三)复述

1. 复述事实

(1)分清责任。服务人员通过复述,向客户进行确认,印证所听到的内容,如果客户没有提出异议,今后若就此出现问题,方便区分责任。

(2)提醒作用。提醒客户是否还有遗漏的内容,是否还有其他问题需要一起解决。帮助客户分辨自己的真实意图,防止遗漏问题再次重复解决。

(3)体现职业化素质。复述事实还可以体现服务人员的职业化素质。对事实的复述不仅能体现出服务人员的专业水准,更重要的是让客户感觉到对方是在为自己服务。

2. 复述情感

复述情感就是对客户的观点不断地给予认同,比如:您说的有道理,我理解您的心情,我知道您很着急,您说的很对,等等。对客户情感的认同能够拉近与客户的距离,方便建立与维护客户关系。

三、客户满意与客户满意级度

(一)客户满意

客户满意是客户的一种心理感受,具体说就是客户的需求被满足后形成的一种愉悦感或状态。此处的"满意"不仅仅是客户对服务质量、服务态度、产品质量和产品价格等方面直观的满意,更深层的含义是企业所提供的产品或服务与客户期望的吻合程度(见图8-1)。

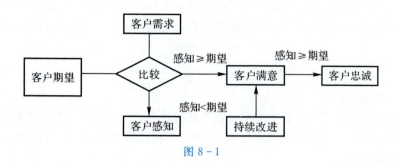

图 8-1

客户满意度指客户满意程度的高低,为客户感知与客户期望之差。用公式表示为:

$$客户满意度=客户感知-客户期望$$

(二)客户满意级度

客户满意级度是指客户在消费相应的产品或服务之后所产生的满足状态等级。如前所述,客户满意度是一种心理状态、一种自我体验。对这种心理状态也要进行界定,否则就无法对客户满意度进行评价。心理学家认为情感体验可以按梯级理论进行划分,相应地可以把客户满意度分成七个级度或五个级度。①七个级度:很不满意、不满意、不太满意、一般、较满意、满意和很满意。②五个级度:很不满意、不满意、一般、满意和很满意。

管理专家根据心理学的梯级理论对七个级度给出了如下参考指标:

1. 很不满意

指征:愤慨、恼怒、投诉、反宣传。

分述:很不满意状态是指客户在消费了某种商品或服务之后感到愤慨、恼羞成怒、难以容忍的状态。在这种状态下,客户不仅企图找机会投诉,而且还会利用一切机会进行反宣传以发泄心中的不快。

2. 不满意

指征:气愤、烦恼。

分述:不满意状态是指客户在购买或消费某种商品或服务后所产生的气愤、烦恼状态。在这种状态下,客户尚可勉强忍受,但希望通过一定方式进行弥补,在适当的时候,也会进行反宣传,提醒自己的亲朋不要去购买同样的商品或服务。

3. 不太满意

指征:抱怨、遗憾。

分述:不太满意状态是指客户在购买或消费某种商品或服务后所产生的抱怨、遗憾状态。在这种状态下,客户虽心存不满,但想到现实就这个样子,只能勉强接受。

4. 一般

指征:无明显正、负情绪。

分述:一般状态是指客户在消费某种商品或服务过程中所形成的没有明显情绪的状态。也就是对此既说不上好,也说不上差,还算过得去。

5. 较满意

指征:好感、肯定、赞许。

分述:较满意状态是指客户在消费某种商品或服务时所形成的好感、肯定和赞许状态。在这种状态下,客户内心还算满意,但与更高要求还有差距,而与一些更差的情况相比,又令人安慰。

6. 满意

指征:称心、赞扬、愉快。

分述:满意状态是指客户在消费了某种商品或服务时产生的称心、赞扬和愉快状态。在这种状态下,客户不仅对自己的选择予以肯定,还会乐于向亲朋推荐,自己的期望与现实基本相符,找不出大的遗憾所在。

7. 很满意

指征:激动、满足、感谢。

分述:很满意状态是指客户在消费某种商品或服务之后形成的激动、满足、感谢状态。在这种状态下,客户的期望不仅完全达到,没有任何遗憾,而且可能还大大超出了自己的期望。这时客户不仅为自己的选择而自豪,还会利用一切机会向亲朋宣传、介绍推荐,希望他人都来消费这种商品或服务。

四、正确处理客户投诉

(一)处理客户投诉的重要性

客户服务人员经常会碰到"客户投诉",一旦处理不当,会引致不满和纠纷。其实从另一个角度来看,客户投诉是最好的产品情报,客户服务人员不仅没有理由逃避,而且应该怀抱感激之情欣然前去处理。

很多企业面对客户抱怨总是显得惴惴不安,甚至厌恶或痛恨客户这种行为。企业只看到了客户为自己制造"麻烦"的一面,却不知道只有那些爱着企业的客户才会对企业寄予很高的期望,并在有问题时产生抱怨,这就是商业版的"爱之愈深,恨之愈切"。如果客户面对企业的服务,什么也不说了,而是一贯保持沉默,这才是最可怕的事情。

为什么要举双手欢迎客户抱怨,甚至要鼓励客户抱怨?这是因为客户抱怨可以给企业带来利益与机会,主要体现在以下三个方面:

第一个方面是获得来自客户的信息,并为企业无偿地奉献了"研究结果"。其实,对于客户与企业"打交道"的感受,客户感受得要比企业多。

第二个方面是企业可以获得更多改进的机会。通常来说,客户抱怨往往是服务缺陷之所在,而这个缺陷很可能是客户在接受服务过程中首先发现的,客户的抱怨无疑是给企业一个"改过"的信号。假设产品的不良率只有一小部分(10%),产品售出后客户注意到"产品不良"的只有一半(5%)。由于客户太忙碌或种种原因,真正向厂商投诉的,可能只有1%而已。而这些投诉者,在公司处理过程中,仍然有一部分会被忽视。另外,我们认为,客户需求具有"动态性",企业要为客户提供一种动态性的服务产品。为此,企业服务在没有实现预期目标时,或者客户的需求"升级"时,企业都需要改进自己的工作。

第三个方面是给企业提供了一个弥补过失并借机提升声誉的机会。在客户怨声载道的时候,不但客户期待企业的回应,往往也是各种社会力量(如政府主管部门、媒体等)颇为关注的时候。此时,企业若能采取恰当的措施并借机造势传播的话,不但会消除客户抱怨,而且还会体现出企业良好的信誉,并树立良好的企业形象。

处理客户投诉,不仅要找出症结所在,满足客户需要,还必须努力恢复客户的信赖。

(二)处理客户投诉的原则

1. 耐心倾听客户抱怨,坚决避免与其争辩

只有认真听取客户抱怨,才能发现其实质原因。一般客户投诉多数是发泄性的,他们的情绪都不太稳定,一旦发生争论,只会适得其反。处理客户投诉的原则是,开始时必须耐心倾听客户的抱怨,避免与其发生争辩。

2. 想方设法平息抱怨,消除怨气

由于客户投诉多属于发泄性的,只要得到客服人员的同情和理解,客户消除了怨气、心理平衡了,后续事情就容易解决。

3. 要站在客户立场上将心比心

漠视客户的痛苦是处理客户投诉的大忌,非常忌讳客服人员不能站在客户的立场上去思考问题。客服人员要能站在客户立场上,将心比心,真诚地表示理解,并承认过失。因此,对于所有的客户投诉,无论是否被证实,最重要的不是先分清责任,而是先道歉。

4. 迅速采取行动

体谅客户的痛苦而不采取行动是一个"空礼盒"。例如:"对不起,是我们的过失",不如"我能理解给您带来的麻烦与不便,您看我们能为您做些什么呢?"效果好。客户投诉的处理必须采取行动,不能只有单纯的同情、理解,要迅速给出解决方案。

(三)处理客户投诉的步骤

1. 接受投诉

面对客户提出的投诉,要迅速受理,避免让客户等待,避免给客户一种"东西卖出去就不管了"的感觉,否则即使按照客户的要求解决了问题,客户也会觉得是自己争取来的,并不满意客服人员的工作。处理客户投诉的目的是要让客户回到企业的怀抱,让他们成为忠实客户。

2. 平息怒气

不直接进入事件,先平息怨气。客户需要发泄情绪,客服人员需要采取低姿态道歉,声音要低于客户,请客户落座,为客户倒水,这样有助于客户平息怒气。

客户的情绪,理应得到极大的重视。要让客户知道你非常理解他的心情,关心他的问题。无论客户是否永远是对的,但他的情绪与要求是真实的,客服人员只有与客户的世界同步,才有可能真正了解他的问题,找到最合适的方式与他交流,从而为成功处理投诉奠定基础。

我们有时候会在道歉时感到不舒服,因为这似乎是在承认自己有错。其实,"对不起"或"很抱歉"并不一定表明你或企业犯了错,这主要表明你对客户不愉快经历的遗憾与同情。不用担心客户因得到你的道歉而越发强硬,认同只会将客户的思绪引向解决方案。

3. 澄清问题

客户需要倾诉,客服人员要给对方宣泄不满和委屈的机会,先运用"您别着急""您详细讲讲"等开放式问题,引导客户描述事情本身,然后用复述的技巧、封闭式提问来澄清问题。

4. 探讨解决

(1)先了解客户想要的解决方案。给客户提出要求的权利,这要比企业给出解决方案让客户做选择更好,客户会有种受到尊重的感觉。

(2)提出我们的解决方案。

1)真诚地向客户承诺。因为有些问题比较复杂或特殊,客服人员一时无法给出解决方案,此时不要向客户做出任何承诺,要诚实地告诉客户,你会尽力寻找解决的方法,但需要一点时间,然后约定给客户回复的时间。一定要确保准时给客户回复,即使到时仍不能解决问题,也要向客户说明事件的进展,并再次约定答复时间。真诚更容易得到客户的尊重。

2)适当给客户一些补偿。为弥补公司操作中的一些失误,可以在解决问题之外,给客户一些额外补偿。很多企业都会给客服人员一定权限,以灵活的方式处理此类问题。但要注意的是,将问题解决后,一定要改进工作,避免今后发生类似的问题。

5. 采取行动

在与客户就解决方案达成一致后,应按照约定采取行动,切勿拖延。对问题处理的进展应当及时告知客户,最大限度地体现企业对客户的重视及处理问题的良好态度,以便赢回客户信任。

6. 感谢客户

再次为给客户带来的不便和损失表示真诚的歉意。感谢客户对企业的信任与惠顾。向客户表决心,让客户知道我们会努力改进工作。

项 目 小 结

本项目主要介绍仓储合同的概念及特征,仓储合同的订立,仓储合同当事人的权利和义务以及仓储客户服务的基础知识。仓储合同是仓储作业中非常重要的一个环节,是保证存货人与仓库保管人的合法权益的重要依据,在仓储作业开始之前首先做好仓储合同的签订工作。作为第三产业的仓储业,最重要的就是做好客户服务工作。有效的客户服务,是提高仓储服务质量、提升仓储服务效益的重要手段和方法。

【能力测试】

推销员约克面临一个很大的障碍:他的听力很糟糕,他只能从别人说话的口形来判断对方说话的内容。但让人意想不到的是,正是这种听力上的缺陷反而给约克的推销工作带来了莫大的帮助。

一天,他会见一家知名公司的总裁格雷迪,为了取得这份大合同,他先后在长达10个月的时间里跟格雷迪会谈了几十次,还进行了许多次产品展示,以及频繁的谈判与宴请。可以说,这是一次马拉松式的推销。正是在这场推销中,约克逐渐意识到了自己的一个出人意料的优势,而这个优势正是来自于他那极其糟糕的听力。

原来,每次当他和格雷迪会谈时,为了听清对方说什么,他就必须全神贯注地去倾听、去观察,以判别格雷迪的口形,从而得知对方说的内容。在和格雷迪洽谈时,他一般都坐在椅子的外缘上,身体也尽量向前倾,这样才能够更好地注意格雷迪的口形。约克的这种不经意的动作与表情,无形之中给了格雷迪这样一个感觉:对方在非常耐心、认真地倾听自己的谈话,他对自己的谈话很感兴趣,也很尊重自己。

由于需要调动全部注意力来观察格雷迪的口形,所以约克一点也不能分心,就是电话铃响或者客户的秘书进来——他的眼睛始终没离开过格雷迪的脸,即使是在做笔记时,约克的眼睛也在看着对方。

就这样,在整个推销过程中,只要和格雷迪谈话,约克从不分神。这样一来,约克的态度就让格雷迪先生觉得他是世界上最重要的人,从而强烈地满足了他的自尊心。可想而知,最终约克也和他成功达成了交易。

在签完合同后,约克下决心要改善一下自己的听力。于是他购买了一套助听器。他戴上助听器后,再一次拜访格雷迪的时候,情况却发生了变化。

当他和格雷迪在办公室交谈时,由于戴上了助听器,所以不需要再坐到椅子边上,身体也不必向前倾了,他就靠在椅背上,拿出笔记本问道:"机器工作得怎么样?"格雷迪开始讲机器的工作情况,突然秘书进来了。不自觉地,约克一边听格雷迪讲,一边不时地各处看,因为他再也不用专注地看着格雷迪的脸,就能听见他在说什么。"这可真棒!"他心想,他能一边听,一边随意地到处看看。

十几分钟之后,格雷迪突然半途停下话题,约克当时正在一边听他说话,一边望着窗外的风景。

"约克!"格雷迪提高嗓门叫着。

"什么事?"约克一边回答,一边收回视线看着他。

"我要你把那玩意儿取下来。"

"把什么取下来,格雷迪?"约克不解地问。

"你的助听器。"

约克一脸疑惑:"为什么?"

"因为我觉得现在你对我一点都不在乎了,我更喜欢以前那样——你坐在椅子边上,身体前倾,时刻注意着我的一举一动,那会让我感到被重视。而现在,你在听我说话时东张西望,好像眼里根本没有我。我知道你不会那样对我,但我还是请你取下助听器。"

约克也突然明白了问题的所在,就取下助听器并放回盒子里,坐在椅子边上倾听他谈话,像以前一样,全神贯注地看着他。就连做笔记时,约克也不把视线移开一点。格雷迪的脸上又重新露出了满意的笑容!

请分析:

有听力障碍的约克是如何赢得客户格雷迪的满意的?

结合本章客户服务内容,谈谈在与客户沟通过程中应注意哪些问题?

【课后习题】

一、单选题

1. 仓储合同在合同成立时就生效,因而属于( )。
A. 诺成合同　　　　B. 要式合同　　　　C. 格式合同　　　　D. 实践合同

2.仓储合同的当事人双方分别为( )。

A.货主和保管人

B.存货人和仓库

C.存货人和保管人

D.货主企业法人和保管企业法人

3.下列属于仓储保管人的义务的是( )。

A.按约定交纳仓储费的义务

B.容忍存货人或仓单持有人检查仓储物或者提取样品的义务

C.妥善储存、保管仓储物的义务

D.返还仓储物的义务

二、多选题

1.在仓储合同中,存货人或仓单持有人提取仓储物的时间与仓储费增减的关系是( )。

A.过期提取仓储物,仓储人得加收仓储费

B.逾期提取仓储物,仓储人不得加收仓储费

C.提前提取仓储物,仓储人不得减收仓储费

D.提前提取仓储物,仓储人须减收仓储费

2.某个体工商户李某与A企业签订合同,由李某承做50套办公桌椅,2017年12月底发货给A企业。由于李某施工地点狭小,故其又与某仓储保管单位签订合同,由某仓储保管单位保管李某已做好的桌椅,于12月底一次将50套桌椅由保管方负责发往A企业。然而12月已过,该仓储保管单位仍未将桌椅发出,在李某的催促下,其才将桌椅发出,但又发错了到货地点。下列表述正确的有( )。

A.李某有权要求保管单位赔偿逾期交货而遭受的损失

B.A企业有权要求保管单位赔偿逾期交货的损失

C.A企业有权要求李某和保管单位承担连带责任

D.A企业有权要求保管单位将50套桌椅运到A企业,但多支付的费用应由李某承担

3.关于保管合同和仓储合同,下列说法错误的是( )。

A.二者都是有偿合同

B.二者都是实践性合同

C.寄存人和存货人均有权随时提取保管物或仓储物而无须承担责任

D.因保管人保管不善造成保管物或仓储物受损、灭失的,保管人承担严格责任

三、判断题

1.在仓储合同中,仓单持有人提前提取仓储物的,应当减收仓储费。( )

2.在保管合同中,除当事人另有约定外,保管人不得将保管物转交第三人保管。( )

3.甲粮油公司向乙仓库存放 5 t 大米,乙仓库及时验收,但入库时发现该批大米不足 5 t,此时乙仓库应及时通知甲粮油公司核实,以便分清责任。(　　)

四、实训题

若你作为某物流企业负责与客户签订仓储合同的人员,请草拟一份仓储合同。

参 考 文 献

[1] 曾海珠.仓储管理技术[M].哈尔滨:哈尔滨工业大学出版社,2017.
[2] 罗松涛.运输作业与管理[M].哈尔滨:哈尔滨工业大学出版社,2017.
[3] 徐国权.物流基础[M].哈尔滨:哈尔滨工业大学出版社,2017.
[4] 李亚丽.物流采购作业与管理[M].哈尔滨:哈尔滨工业大学出版社,2017.
[5] 陈民伟,林朝朋,陈香莲.供应链管理实务[M].哈尔滨:哈尔滨工业大学出版社,2017.
[6] 贺登才.中国物流重点课题报告[M].北京:中国财富出版社,2017.
[7] 徐汉文,王振翼.公共关系理论与实务[M].北京:高等教育出版社,2014.
[8] 井颖,季永青.运输管理实务[M].北京:高等教育出版社,2014.
[9] 李先国.营销师国家职业资格培训教程:三级营销师[M].北京:中央广播电视大学出版社,2014.
[10] 阎子刚.物流运输管理实务[M].北京:高等教育出版社,2014.
[11] 沈文天.配送作业管理[M].北京:高等教育出版社,2014.
[12] 罗松涛.配送管理实务[M].北京:北京出版社,2014.
[13] 仪玉莉.运输管理[M].北京:高等教育出版社,2014.
[14] 宋雷.仓储管理实务[M].大连:大连理工大学出版社,2011.
[15] 钟苹,胡卫平.仓储管理实务[M].大连:大连理工大学出版社,2009.
[16] 钟苹.仓储管理实务[M].大连:大连理工大学出版社,2014.
[17] 牛艳莉,杨力.仓储管理实务[M].天津:南开大学出版社,2010.
[18] 薛威.仓储作业管理[M].2版.北京:高等教育出版社,2014.
[19] 郑克俊.仓储与配送管理[M].2版.北京:科学出版社,2010.
[20] 季敏.仓储管理实务[M].青岛:中国海洋大学出版社,2010.
[21] 赵玉国.仓储管理[M].北京:冶金大学出版社,2008.